Mario Mantese: Vision des Todes

Mario Mantese

Vision des Todes

Bericht einer Seele aus dem Zwischenreich

DREI EICHEN VERLAG

Sie finden uns jetzt auch im Internet unter
www.drei-eichen.de

ISBN 3-7699-0533-4
Verlagsnummer: 0533

3. Auflage 10.–12. Tausend

Umschlagbild: Urs Graf, CH-Biel
Gesamtherstellung: Ebner Ulm

Vorwort zur zweiten Auflage

Etwas mehr als ein Jahrzehnt ist es her, seit die erste Auflage des Büchleins „Vision des Todes“ erschien. In der Zwischenzeit habe ich selber und hat meine Arbeit einen enormen Prozeß erfahren. So sind mehrere Bücher aus meiner Feder erschienen, und meine Kurse ziehen immer mehr Leute an.
Nachdem die erste Auflage vergriffen ist, drängt es sich auf, dieses Buch, in dem ich in konzentrierter Form über mein Sterbeerlebnis und meine Reise durch das Jenseits berichtet habe, neu aufzulegen.
Es ist mir ein Anliegen, an dieser Stelle Manuel Kissener vom Drei-Eichen-Verlag dafür zu danken, daß er meiner Arbeit mit so großem Verständnis gegenübersteht und die Herausgabe dieser Neuauflage ermöglichte, aber auch Inge Schneider, die die „Vision“ in kurzer Zeit überarbeitete. Ihrer Feder entstammt auch das Buch „Sternstunden einer Einweihung“, das im Herbst 1993 ebenfalls im Drei-Eichen-Verlag herauskommen und in vertiefterer und umfassenderer Form, als es hier geschah, über meinen Werdegang berichten wird.
Das Erlebnis der „Vision des Todes“ führte mich zur Erkenntnis, daß Diesseits und Jenseits vergängliche Bereiche innerhalb einer dualen, zeiträumlichen Welt sind. Diese Einsicht öffnete mir später die Türe zur Dritten Kraft, zur ewigen Dimension jenseits der Dualität. Es ist die Dimension, von welcher Paramahansa Yoga-

nanda sprach, als er sagte: „Hinter allen Erscheinungsformen der Außenwelt liegt das Unendliche – das Meer aller Kraft."

Biel, den 1. Dezember 1992 Der Autor

Das Erwachen der Wirklichkeit

Diese Einleitung soll dem besseren Verständnis meines intensiven Todeserlebnisses dienen. Damit diese außerkörperliche Erfahrung richtig verstanden wird, möchte ich festhalten, daß mein Erlebnis in seiner Art individuell und einmalig ist.

Einerseits ist da die Erfahrung einer „Privathölle und heller himmlischer Sphären", und andererseits gibt es viele Bereiche, die einen kollektiven Charakter aufweisen.

Jeder Mensch ist anders, hat einen eigenen Charakter, eigene Vorstellungen und Ansichten und bringt daher beim Verlassen seines Körpers eigene Voraussetzungen mit.

So ist es offensichtlich, daß ein Mensch, der hier ein dumpfes, gleichgültiges, unzufriedenes und unerfülltes Leben geführt hat, beim Hinübergleiten in die andere Welt kaum schlagartig in ein helles, erfülltes, glückliches Leben treten wird.

Religiöse Bilder von Himmel und Hölle werden bereits in zarter Jugend in unser Gedächtnis geprägt und oft als erzieherische Druckmittel angewandt, in der Art von „Wenn du böse bist, wird dich der Teufel holen und dich in die Hölle hinunterreißen, denn nur die Guten kommen in den Himmel".

Diese Bilder tragen dazu bei, daß wir uns mit dem Thema Tod kaum auseinandersetzen, sondern es verdrängen und negieren. Wir sind uns nicht bewußt, daß der Tod in jedem Augenblick, in einem Zyklus von Ster-

ben und Werden, in uns gegenwärtig ist, wenn wir nur schon an unsere eigene Zellstruktur denken. Menschen, die das Materielle, Vergängliche als Realität betrachten, sind zu bedauern. Wie kann Vergängliches, Relatives jemals „Realität" sein? Der Mensch, der sich in dieser Art selbst täuscht, lebt in einer Schattenwelt und vermag die unvergängliche Schönheit und die Kraft des Geistes nicht zu schauen.
Wenn das Denken auf rein Vordergründiges, wie Arbeit, Pflichten, Triebe und Gefühlsleben, abgestimmt ist, ist der Mensch für die rein geistigen Impulse, die versuchen, ihm den Sinn des Lebens bewußt zu machen, nicht empfänglich. Doch der geistige Raum sollte sich nicht noch mehr verengen, weil damit große Kristallisationsprozesse verbunden sind. Öffnen wir uns aber innerlich, wird sich uns die absolulte Realität offenbaren, die Buddha mit den Worten ausdrückt:
„Es gibt ein Ungeformtes, Ungeborenes, Ungemachtes, Ungewordenes. Weil es dieses Ungeformte, Ungeborene, Ungemachte, Ungewordene gibt, gibt es auch einen Ausweg aus dem, was geformt, geboren, gemacht und geworden ist. Wenn du diesen Weg findest, bist du allen Kummer los."
Befreit von Irrtum, verliert der Tod seine dunkle Unheimlichkeit. Durch mein tiefgreifendes Erlebnis hat sich mir ein Tor geöffnet und sich die unendliche, unsterbliche und unvergängliche Wahrheit des Lichtreiches geoffenbart.
Gedanken sind Dinge, sie sind die Erzeuger aller Taten, der guten wie auch der bösen, und wie die Saat ist, so

wird die Ernte sein, so lautet das Gesetz vom Karma, das Gesetz von Ursache und Wirkung.
Wir müssen daraus schließen, daß das zeiträumliche Bewußtsein der Schöpfer von zeiträumlichen Himmeln und Höllensphären ist, daß wir diese Zustände in uns tragen und sie mit unserem falschen Denken ständig ernähren und beleben.
Der Ort, an den wir nach unserem irdischen Dasein gelangen, wird das Jenseits genannt. Allein schon dieses Wort übt auf jeden Menschen eine andere Wirkung aus und kreiert verschiedene Bilder und Vorstellungen in uns.
Jenseits von wo, auf der anderen Seite von wo?, fragen wir uns. Wir suchen in einer dreidimensionalen Welt nach Antworten und können uns nur mit Mühe mit der Tatsache abfinden, daß sich das Jenseits in uns und um uns, aber auf einer anderen Frequenz, auf einer höheren Schwingungsebene, befindet.
Wenn die Stunde da ist, verliert unser irdischer Fleischkörper seine Wichtigkeit. Wir erleben das erhabene und überwältigende Gefühl der Loslösung vom Leib und fließen hinüber in eine andere FEINSTOFFLICHE Welt, in eine andere Dimension, die eine andere Zeitspur und andere Gesetze aufweist. Wir gelangen in die verschiedenen Sphären der Wandelwelt, und unser Geist ist nun frei von allen körperlichen Funktionen, denn wir bestehen nicht mehr aus Fleisch und Blut – und doch breiten sich, gemäß unseren inneren Bildern, Landschaften vor uns aus, in denen wir weiterleben. Wir spüren und sehen, daß wir einen Körper haben,

nur ist er jetzt feinstofflicher Natur. In diesem ungebundenen Zustand kommt nun mit großer Kraft das zum Ausdruck, was wir während unseres Erdendaseins an Erfahrungen gesammelt haben. Der Geist entleert sich allmählich mit großer unkontrollierbarer Kraft von falschen Haltungen gegenüber dem großen göttlichen Gesetz. Triebe, Neigungen, Süchte, Lüste und Begierden werden frei, denn sie sind nicht mehr an einen physischen Körper gebunden.

Wir sind nun nicht mehr aus fester Materie und werden daher durch nichts Festes behindert. Wir können durch Mauern und Berge schreiten und uns frei bewegen, was uns anfangs eigenartig und befremdend vorkommen mag. Es kann dann geschehen, daß wir den Wunsch verspüren, wieder in einen festen Körper zu schlüpfen, da wir mit diesen Gesetzmäßigkeiten besser vertraut waren. Doch die zwingende Kraft des Karma treibt uns vorwärts, in verschiedene Welten, Sphären und Bereiche, wo sich große Läuterungsprozesse vollziehen.

Jeder Mensch schafft sich im irdischen Dasein bewußt oder unbewußt seine eigenen Bedingungen, jeder ist sein eigener Richter und auch der Gerichtete seiner selbst. Alle diese jenseitigen Erfahrungen sind Gedankenbilder, Projektionen aus unserem tiefsten Seeleninhalt, eine riesenhafte Zahl irdischer Eindrücke und Identifikationen.

Wenn wir uns also fragen, ob es Höllen und Teufel gibt, werden wir letztlich zur Einsicht kommen, daß beide nur eine bleibende Stätte im Denken des sterblichen

Menschen haben. Weil mir aber diese Einsicht früher noch nicht zuteil geworden war und ich offensichtlich riesige Spannungszustände in mir nährte, muße ich diese dunkle Welten durchwandern.

Der Zeitpunkt kommt, wo diese Entleerung, diese Auslebung zu Ende geht und wir gereinigt bereit sind, in höhere, klarere Welten aufzusteigen, wo Ruhe, Schönheit und Friede herrschen. Entsprechend unserer geistigen Reife, die wir im irdischen Dasein erworben haben, werden wir die ewigen Lichtsphären Gottes betreten oder wir werden wiedergeboren in die physische Menschenwelt, in die große Universität des Lernens, wo es jedem einzelnen gegeben ist, sein Leben in die Hand zu nehmen, sich innerlich zu vertiefen und zu geistiger Reife zu gelangen. Keiner von uns sollte dies versäumen, denn das ist DAS ERWACHEN DER WIRKLICHKEIT.

Obwohl wir nach dem Tod von unserer eigenen Seele entsprechend unserem Lebenswandel zur Rechenschaft gezogen werden, ist das kein Grund, sich davor zu fürchten. Wir wissen, daß diese Tatsache unumgänglich ist, und deswegen lohnt es sich, sich hier und jetzt Klarheit über diesen anderen Teil des Lebens zu schaffen, denn damit kann man sich später vieles ersparen. Es gibt dieses zutreffende Sprichwort: „Erst, wenn du gelernt hast zu sterben, kannst du völlig unbekümmert und sorgenlos leben."

Ich habe die Loslösung von meinem Körper erfahren, bin durch schreckliche, furchterregende, hoffnungslose und tröstliche Welten gewandert und auf vielen Um-

und Irrwegen vorgestoßen bis nahe an den Punkt, an dem ein Zurück nicht mehr möglich ist.
Es hat sich dort gezeigt, daß meine Zeit zum Eingang in diese Sphäre noch nicht gekommen war, und ich bin, wiederum auf verschlungenen Pfaden und unter fast unvorstellbaren Mühen und Qualen, durch schöne und häßliche Gebiete, zurückgekehrt in dieses Leben. Blind, stumm und vollkommen gelähmt zwar, aber mit der tiefen Einsicht und dem mir eingegebenen Willen, mit diesem Körper von diesem Leben wiederum Besitz zu ergreifen.
Die Orte und Bereiche, die ich mit enormer Bewußtheit und Intensität durchschritten hatte, haben sich mir mit unerhörter Klarheit eingeprägt und mein ganzes Leben vollkommen verändert. Ich denke, es dürfte auch für andere Menschen nützlich sein, zu erfahren, was mit der Seele eines Menschen geschieht, der körperlich wie tot daliegt und den die Ärzte sozusagen ohne Hoffnung physisch am Leben zu erhalten versuchen.
Dies ist mit ein Grund, weshalb ich dieses Buch geschrieben habe: um den Zustand der Seele, die die Schwelle der jenseitigen Welt überschritten und unmittelbar, subjektiv erlebt hat, mitzuteilen.
Es ist gewissermaßen die innere Fortsetzung meines Lebens, das äußerlich durch eine gewaltsame Tat abrupt unterbrochen wurde. Unerwartet und unvorbereitet betrat ich das Jenseits, wo sogleich meine geistige Auslebung begann, die man als einen erweiterten Sterbeprozeß bezeichnen könnte.

Durch zwei erstaunliche Eingriffe am offenen Herzen gelang es einem englischen Ärzteteam, mich trotz eines inzwischen eingetretenen Hirnschlags ins irdische Daseinsfeld zurückzuholen. Der Professor versicherte mir später, daß von tausend Menschen, die auf solche Art und Weise mit dem Messer verletzt werden, vielleicht einer überlebe.

Durch die Rückkehr ins irdische Leben wurde mir eine riesige Möglichkeit geschenkt, bewußt nach dem Urquell des Lebens in mir zu forschen. Ich habe dadurch den tiefen Sinn des Lebens erkannt und gelernt, völlig in der Mitte und aus der Gegenwart heraus zu leben und zu schöpfen und mit großer Zuversicht in die Gegenwart zu blicken, die völlig losgelöst ist von meiner Vergangenheit. Ich habe die Gelegenheit, noch einmal von vorne anfangen zu dürfen, voll wahrgenommen. Es ist eine neue Geburt, ein Leben mit neuen Voraussetzungen.

Ist man sich einmal im klaren darüber, daß die Zustände „Hier“ und „Dort“, Diesseits und Jenseits, von gleicher Beschaffenheit sind und daß der Lebensstrom uns schon durch unzählige solcher Zyklen gejagt hat, durch Geburt, Tod und Wiedergeburten, dann verliert der Tod seinen Schrecken. Wenn aber das ERWACHEN DER WIRKLICHKEIT eintritt, dann beginnt man zu verstehen, daß das wahre ewige Königreich Gottes nicht in diesen zwei begrenzten Aspekten dieses Planeten gefunden werden kann, denn Jesus der Christus hat gesagt: „Mein Reich ist nicht von dieser Welt“. Wir wissen, daß unsere Zeit kommen wird, da wir diesen Körper verlassen müssen, jetzt, morgen oder später. Den Zeitpunkt des natürlichen Abschieds bestimmen nicht wir, sondern das liegt in den Händen einer anderen Kraft, die unsere unsichtbare Lebensuhr eingestellt hat.

Wenn die Seele aber hier und jetzt im ewigen Leben erwacht, in der alle Dualität verschlungen ist, bekommt unser Leben eine völlig neue Perspektive, denn dann bricht die Christuskraft mit großer Macht in uns ein und durchflutet uns mit den genesenden, erweckenden Strahlen des göttlichen Sonnenreiches. In dem Moment beginnt das Rad der Wiedergeburten allmählich stillzustehen und das Geheimnis der Auferstehung entschleiert sich.

Ein Wunschtraum geht in Erfüllung

Schon von meiner frühesten Jugend an war Musik ein bestimmender Faktor in meinem Leben, und als ich dreizehn Jahre alt war, hatte ich meinen ersten Auftritt als Sänger; doch das befriedigte mich nicht, und ich beschloß, eine Baßgitarre zu kaufen.

Um das notwendige Geld aufzubringen, mußte ich nach der Schule Tausende von Zeitungen austragen, bis ich endlich das lang ersehnte Instrument in den Händen halten konnte. Mit zwei Freunden übte ich von nun an täglich in einem engen Keller, und unsere Gitarren waren noch an einem alten Radio angeschlossen, dessen Lautsprecher aus dem Gehäuse zu fallen drohten.

Der Traum, einmal ein berühmter und erfolgreicher Berufsmusiker zu werden, war außerordentlich stark, und ich zweifelte nie daran, daß er sich einmal erfüllen würde. Ich spielte mit verschiedenen Gruppen, war aber nie zufrieden, denn mein brennender Enthusiasmus verlangte nach mehr.

Als ich aus der Schule kam, wurde ich vor die schwierige Frage gestellt, welchen Beruf ich erlernen wolle – Popstar stand nicht auf dem Programm. Gleichzeitig erwachte in mir ein riesenhaftes Interesse am Übersinnlichen. Ich las unzählige Bücher, fand in ihnen aber keine Antwort auf meine Fragen.

Ich ergriff den Beruf eines Baumalers, weil mir nichts anderes in den Sinn kam, doch schon bald wußte ich, daß ich, sobald ich die Lehre abgeschlossen hatte, diesen Beruf an den Nagel hängen würde. Dann machte ich die Bekanntschaft mit Drogen, LSD und Meskalin; sie weckten die mystischen Gefühle in mir noch stärker, und der enorme Drang nach Freisein war so stark, daß ich manchmal das Gefühl hatte, zerplatzen zu müssen. Doch es kam anders: Kaum war ich achtzehn Jahre alt, wurde meine Freundin schwanger, wir heirateten, und neun Monate später erblickte ein kleiner Junge das Licht der Welt. Das Schicksal schlug aber hart zu, denn nach vierundzwanzig Stunden starb er und kehrte in die geistige Heimat zurück. Die Verantwortung bedrückte mich sehr, es fiel mir immer schwerer, meinen Beruf, der überhaupt nicht zu mir paßte, auszuüben, und so blieb ich meistens zu Hause und widmete mich der Musik und meinem Traum.

Mit einer Blues-Band hatte ich meinen ersten Auslandauftritt in Paris, aber als wir uns entschlossen, Berufsmusiker zu werden, folgte bald einmal die große Ernüchterung – es war ein Riesenflop.

Dann kam die große Wende. Eines Abends rief mich ein Kollege an und erklärte mir, daß er die Bekanntschaft einer amerikanischen Musikgruppe gemacht hätte, die derzeit in der Schweiz mehrere Konzerte gab. Sie würden dringend einen Bassisten brauchen – ob ich Interesse hätte? Das ließ ich mir nicht zweimal sagen. Bereits am nächsten Abend machte ich die Bekanntschaft der Musiker, und am folgenden Morgen in der Früh saß ich bereits mit ihnen im Bus auf dem Weg nach Deutschland, nach Heidelberg, wo sie ihren vorläufigen Wohnsitz hatten. Es waren alles schwarze Ex-

Soldaten, die früher in Deutschland ihren Militärdienst absolviert hatten und dann nicht mehr in die Vereinigten Staaten zurückgekehrt waren, weil sie sich als Berufsmusiker in Europa eine Karriere aufbauen wollten. Bald merkte ich begeistert, daß ich hier mit Menschen zusammengetroffen war, die vom gleichen Enthusiasmus, Musik zu machen, beflügelt waren wie ich. Mein Englisch war zu dem Zeitpunkt noch äußerst bescheiden, und so hatten wir mit der Kommunikation große Mühe, denn dazukam, daß sie „Ghetto-Slang“ sprachen, das heißt Ausdrücke verwendeten, die ich noch nie zuvor gehört hatte.

Doch ich paßte mich schnell dem neuen Lebensstil und meiner neuen Umgebung an. Mit meinem Zimmergenossen Jessie – er stammte aus Chicago – unterhielt ich mich nächtelang, so gut es ging, und dabei vernahm ich, daß er in der Kirche gesungen und Gitarre gespielt hatte. Das war für mich zu dem Zeitpunkt befremdend, doch er versicherte mir immer wieder, daß alle guten Sänger ihre Erfahrungen in der Kirche gemacht hätten, denn das sei „Soul“, Seele. Tatsächlich mußte ich mir eingestehen, daß dieser Mann „Soul“ hatte, wenn er sang und seine Gitarre spielte.

Allmählich wurde ich mit der Sprache und der Musik vertrauter. Es waren außerordentlich harte Zeiten, denn wir waren ununterbrochen unterwegs. Wir spielten in allen amerikanischen Kasernen in ganz Deutschland, denn in jedem Kasernenareal hatte es mindestens zwei Nachtklubs. Ständig waren wir in finanziellen Nöten – einmal hatten wir eine Woche lang überhaupt kein Geld mehr, so daß wir von Kartoffelschalen Suppe kochen und von Notrationen leben mußten, die uns die Soldaten spendierten. Einige Musiker verließen die Gruppe, weil sie mit dem Streß nicht mehr fertig wurden.

Als dann auch noch der Organist die Gruppe verließ, waren wir vorübergehend aufgeschmissen und inserierten in einer Musikzeitung in England, wir würden einen Ersatz suchen. Witzig war, daß sich tatsächlich ein Engländer meldete, aber nicht wie erwartet aus England, sondern aus einer Stadt in Deutschland, die sich etwa zwanzig Kilometer von jener Stadt entfernt befand, wo wir wohnten.

So machten wir die Bekanntschaft mit Rod, der ebenfalls mit einer deutschen Gruppe in den Kasernen spielte und mit seiner Arbeit nicht mehr zufrieden war.

Mit Rod war die Konstellation zum Erfolg geboren, denn er war ein sehr großes Talent im Komponieren. Später erzielte er als Komponist Riesenerfolge, indem er unter anderem große Hits für Herbie Hankok, George Benson, Manhattentransfer und Thriller für Michael Jackson schrieb und seit Jahren Partner von Quincy Jones ist.

Obwohl sich die Zeiten nicht besonders besserten, wurden wir zu einer der erfolgreichsten Gruppen in den Kasernen und bekamen nun ab und zu auch Angebote in Spanien, in Madrid und Zaragossa, in den amerikanischen Kasernen zu spielen.

Irgendwann reifte der Entschluß, Deutschland zu verlassen und nach England zu ziehen. Rod kannte dort

einen Agenten, und der bot uns einen Konzertvertrag an.
In unserem kleinen, nicht unbedingt komfortablen Bus machten wir uns auf den Weg nach Rotterdam. Wegen Energiesparmaßnahmen waren damals die autofreien Sonntage eingeführt und alle Tankstellen geschlossen. Mit den letzten Tropfen Benzin im Tank erreichten wir endlich das umfangreiche Hafengebiet von Rotterdam, wo wir zu unserem Schrecken feststellen mußten, daß wir einige Minuten zu spät waren, denn die große Laderampe hinten an der Fähre wurde gerade hochgezogen.
Da wir fast kein Benzin und kein Geld mehr hatten, blieb uns nichts anderes übrig, als die Nacht mit leeren Bäuchen im Bus auszuharren.
Am übernächsten Morgen kamen wir bei eisiger Kälte und dichtem Nebel im Norden von England, in Hull an. Wir hatten nur einen Gedanken: ein kräftiges Frühstück, eine heiße Dusche und ein warmes Bett, aber hier wurde uns sogleich ein dicker Strich durch die Rechnung gemacht. Die Zollbehörden zerlegten unseren Bus, öffneten alle Verstärker und Lautsprecher und durchstöberten unser ganzes Gepäck. Wir erklärten ihnen immer wieder, daß wir weder Drogen noch sonst gefährliche Dinge bei uns führten, doch sie trauten uns bärtigen und bleichen Gesellen nicht, und so standen wir zwei Stunden in der eisigen Kälte.
Als wir endlich die Zollschranken passieren konnten, begrüßte uns der Agent und entschuldigte sich, daß wir so lange warten mußten. Er hatte uns in einer kleinen

Pension einquartiert, die unsere Erwartungen bei weitem unterbot. Die Inhaberin begrüßte uns zwar freundlich, verkündete uns aber sogleich, daß das Frühstück aus einem gekochten Ei und Toast bestünde und daß sie keine Frauenbesuche dulde.

Als Jessie und ich unser gemeinsames Zimmer betraten, mußten wir feststellen, daß in einem der drei Betten schon ein uns fremder Mann schlief. Auf unsere Frage ließ uns die Hauswirtin wissen, daß dies bei ihr so üblich sei, wir Männer seien ja unter uns. Außerdem wußten wir nicht, ob es drinnen oder draußen kälter war, denn in den Zimmern gab es keine Heizung, die Fenster waren sowohl innen als auch außen gefroren. Müde und voll angekleidet legten wir uns zwischen die kalten Laken, standen jedoch bald wieder auf, um alle Kleider, die wir in den Koffern hatten, über die Bettdecke zu legen, damit wir einigermaßen warm wurden. Die ersten Stunden waren eine brutale Ernüchterung, denn wir hatten uns das Leben auf der Insel anders vorgestellt. Diese ersten Eindrücke von England habe ich nie mehr vergessen.

Inzwischen war ich auch geschieden worden, da meine Frau und ich uns kaum mehr sahen und daher beschlossen hatten, daß jeder seiner Wege gehen solle.

Dann folgten die ersten Auftritte, die nicht gerade glorreich waren. Wir spielten täglich im ganzen Norden von England, vorwiegend in Arbeiterklubs, die den Gewerkschaften gehörten, zwischen Bingo und lautstarken Arbeiterdiskussionen. Mehrmals kam es vor, daß der Klubsprecher uns auf der Bühne mit großen Wor-

ten ankündigte: „Und jetzt hören Sie aus Amerika die berühmte Gruppe ...", worauf er sich zu uns umdrehte, um uns zu fragen: „Wie heißt ihr denn eigentlich?" Solche Vorfälle belustigten uns immer sehr; sonst hatten wir in dieser Zeit nicht viel zu lachen.
Wir spielten jeden Abend an einem andern Ort bis spät in die Nacht hinein und fuhren in den frühen Morgenstunden die lange Strecke zurück nach Hull. Es dauerte nicht lange, bis wir aus der Pension flogen, weil uns die Wirtin mit Mädchen erwischt hatte, doch die Trauer über unseren Rausschmiß hielt sich in Grenzen, denn eigentlich waren wir froh, diesen unwirtlichen Ort endlich verlassen zu können.
Freizeit hatten wir kaum, denn wenn wir nicht gerade auftraten, studierten wir neue Nummern ein und perfektionierten unsere Show. Nach drei Monaten lief unsere Arbeitsbewilligung ab, und wir kehrten nach Deutschland zurück. Inzwischen hatten wir in einem kleinen Tonstudio einige Eigenkompositionen aufgenommen. Nach einem halben Jahre reisten wir wieder nach England, doch diesmal nicht in den Norden, sondern nach London.
Das Leben in der Großstadt brachte viele neue Bekanntschaften und Möglichkeiten mit sich, und nach vielen Jahren harter und intensiver Arbeit fanden wir endlich eine gute Schallplattenfirma, mit der wir einen Vertrag unterzeichnen konnten. Für uns war das ein großer Tag, denn man kann sich nicht vorstellen, was es bedingt, um bei einer großen Schallplattenfirma in London aufgenommen zu werden.

Unsere beiden ersten Singles hatten nicht den gewünschten Erfolg, doch als sich die Plattenfirma entschloß, eine Langspielplatte zu finanzieren, ging es richtig los. Vier Musikstücke dieser ersten Platte wurden Hits, und unsere Gruppe „Heatwave“ wurde zu einem Begriff in der Musikwelt. Das Musikstück „Boogie Nights“ stürmte die Hitparaden in der ganzen Welt und wurde in sieben Ländern Nummer eins.
Plötzlich wurden wir überhäuft mit Anfragen, und der Erfolg beflügelte uns so sehr, daß wir noch intensiver an Musik und Show arbeiteten: Angebote aus ganz Europa trafen täglich bei unserem Management ein. Hatten wir bisher Konzerte für höchstens mehrere hundert Leute gegeben, so füllten nun drei- bis viertausend Leute die Säle in ganz England und Schottland, alle wollten „Heatwave“ sehen und hören. Wann immer man das Radio einschaltete, gleich auf welchem Sender, konnte man unsere Musik hören. Wir erlangten innerhalb eines halben Jahres eine überwältigende Popularität.
Doch in uns brodelte es, wir wollten Amerika erobern. Unsere Musik wurde auch dort zu einem Riesenerfolg. Dann kam die Einladung aus den USA, an einem großen Wohltätigkeitskonzert in Atlanta zu spielen. Erster Klasse flogen wir nach New York und von da an unseren Bestimmungsort. Als wir aus dem Flugzeug stiegen, glaubten wir zu träumen: eine große Anzahl Fans jubelte uns zu und hieß uns mit großen Spruchbändern willkommen. In zwei schneeweißen Rolls-Royce wurden wir ins Hotel gefahren, wo bereits die Presse auf

uns wartete. Das war der erste Vorgeschmack unseres neuen Lebens, denn von da an logierten wir nur noch in Luxuxhotels; die sieben mageren Jahre waren überstanden und überwunden.
Am nächsten Abend standen wir im Flutlicht auf einer riesigen Bühne, vor achtzehntausend Zuschauern; unsere Musik kam total an. Der tobende Applaus wirkte so intensiv, daß ich das Gefühl hatte, nicht mehr auf dem Boden zu stehen, sondern zu schweben. Mein Blut pulsierte in den Adern, und ich war in Schweiß gebadet.
Von nun an bekam unser Leben ein völlig neues Gesicht. In den kommenden Jahren veröffentlichten wir eine zweite Langspielplatte, die an den Erfolg der ersten anknüpfte. Wir bewältigten mehrere riesige Tourneen durch ganz Amerika, saßen täglich im Flugzeug und logierten in gediegenen Hotels. Es war außerordentlich anstrengend, denn kaum kamen wir in einer Stadt an, wurden wir zuerst ins Hotel chauffiert, mußten dann Radio- und Fernsehinterviews geben und in riesigen Schallplattengeschäften, wo die Menschen Schlange standen, Autogramme geben. Dann fuhren wir zur Konzerthalle, wo unsere Anlagen bereits aufgestellt waren und die Toningenieure auf uns warteten, um die Instrumente auf den Sound einzustellen, was einer großen Kunst gleichkam, damit es in den riesigen Hallen gut klang und jedes Instrument schließlich die richtige Lautstärke hatte. Dazu kamen sechs Mikrophone, die genau eingestellt werden mußten, da wir vor allem für unsere Live-Gesangsharmonien bekannt waren.
Danach gingen wir zurück ins Hotel, um uns zu erfri-

schen und zu essen. Abends um neun wurden wir für unseren Auftritt abgeholt, nicht früher, denn vor uns traten meist noch eine oder zwei Vorgruppen im Programm auf. So um Mitternacht kamen wir ins Hotel zurück und feierten dann bis etwa vier Uhr morgens Parties, wo wir von den weiblichen Fans erwartet wurden.
Morgens um neun Uhr wurden wir bereits wieder abgeholt und zum Flughafen gefahren, um in die nächste Stadt zu fliegen – und alles fing wieder von vorne an. Trotz dieses hektischen Lebenswandels hatte ich immer meine Philosophiebücher bei mir. Es kam nun auch vor, daß wir zwischen den Tourneen einige Monate pausierten und nach London zurückkehrten, wo wir unseren Wohnsitz hatten. Es war mir trotz aller Hektik immer bewußt, daß der Erfolg wie eine bunte Seifenblase war, die immer größer und bunter wurde und bei ihrer größten Größe zerplatzen würde.
Viele Male dachte ich zurück an die Zeit, da ich im engen Keller geübt und vom großen Erfolg geträumt hatte; es war ein Wunschtraum, der sich erfüllt hatte, ja erfüllen mußte, denn immer stärker spürte ich in mir, daß etwas darauf wartete, sich zu offenbaren und mich eine unbegreifliche Sehnsucht nach innen zog. Der Aufstieg zum Erfolg war erhebend gewesen, doch jetzt war er da, und da merkte ich, daß ich mir überhaupt nichts daraus machte und daß er eine Verflachung mit sich brachte, so daß ich mich immer mehr von den Parties zurückzog und dem Innenleben widmete.
Im Herbst 1978 stand eine riesige Tournee bevor, und

bald standen wir wieder auf den größten Bühnen Amerikas. Am 18. Oktober 1978 ging unser größter Traum in Erfüllung, es war zugleich der Höhepunkt unserer Karriere: Wir spielten im ausverkauften New Yorker Madison Square Garden vor über zwanzigtausend Menschen und hatten einen überwältigenden Erfolg. Inzwischen hatten wir über zehn Millionen Schallplatten verkauft und an über fünfzig Fernsehauftritten teilgenommen.

Etwas Merkwürdiges war einen Monat zuvor geschehen. Wir waren für mehrere Tage in Kalifornien, wo ich aus unerfindlichen Gründen einen starken inneren Impuls empfangen hatte, von einem Tag auf den anderen mit dem Rauchen aufzuhören (ich rauchte pro Tag um die vierzig Zigaretten und noch einige andere Sachen), jeglichen Alkoholkonsum wie auch das Essen von Fleisch vollkommen einzustellen und jeden Morgen schwimmen zu gehen – ich joggte mehrere Kilometer und hielt mich fit.

Nach unserem Auftritt in New York verbrachten wir noch einen Monat in Hawaii und flogen dann zurück nach England, wo wir die Festtage verbringen wollten.

Meine Freundin hatte in dieser Zeit ein Medium besucht und eigenartige Mitteilungen von ihm erhalten; sie drängte mich, unabhängig von ihr auch einmal hinzugehen. Einige Tage später saß ich bei der Frau im Wohnzimmer, das sehr schlicht eingerichtet war und keine magischen Requisiten enthielt. Nirgends sah ich Kultgegenstände, keine Kristallkugeln und Karten. Sie forderte mich auf, mich zu setzen und bat mich um mei-

nen Fingerring. Sie nahm ihn in die Hand und erzählte viel Belangloses, aber auch einiges Zutreffendes. Am Schluß teilte sie mir mit, daß sie sehe, wie jemand in meiner unmittelbaren Umgebung sterben werde, sie sehe ein Messer und viel Blut.
Diese Aussage beunruhigte mich schon ein wenig und veranlaßte mich, meine Eltern anzurufen, um sie zu fragen, ob alles in Ordnung sei.
Einige Tage später bekam ich eine Einladung zu einem Privatball in London. Ich ging hin. Alle trugen Abendkleidung, und viele Stars aus der Musikszene waren anwesend. Ich verbrachte den Abend mit Freunden, war eher still und in mich gekehrt, und weiß noch, wie ich mich von ihnen verabschiedete.
Hier verblassen meine letzten Erinnerungen – plötzlich wird alles schwarz. es ist wie ein Fall in ein dunkles Loch. Was in dieser Nacht mit mir geschehen ist, erzählte man mir erst viele Wochen später, als ich aus dem Koma erwachte. Mit einem Messerstich im Herzen und völlig ausgeblutet war ich in die Notfallstation eines Londoner Krankenhauses eingeliefert worden, mein Herz war für einige Minuten stillgestanden.
Als ich aus einem fünfwöchigen Koma erwachte, erinnerte ich mich an nichts mehr. Doch dort, wo sich das schwarze Loch auftat, tauchte ich durch eine unsichtbare Türe in eine andere Welt; es war der Anfang einer überwältigenden Reise.

Die Vision

Bis zum Kopf mit einem weißen Laken zugedeckt, lag ich in einem Bett, mitten in einem mir völlig unbekannten, sonst leeren Raum. Mein rechter Arm hing über den Bettrand und baumelte frei. Eine angenehme Wärme durchströmte meine rechte Hand, was meine Aufmerksamkeit erregte. Ich richtete meinen Blick auf die Hand und sah auf der Handfläche eine große goldene Münze liegen; sie war wohl die Quelle der Wärme. Die Münze zierten verschiedene mir unbekannte Ornamente. Die Wärme wurde ständig intensiver und übertrug sich auf meinen ganzen Körper. Eine sonderbare Leere machte sich in mir breit. Ohne meinen Willen schlossen sich die Finger um die Münze. Dieser eigenartige Vorgang erschreckte mich. Erstaunt darüber, daß sich meine Hand selbständig bewegt hatte, spürte ich sie jetzt deutlich als einen von mir unabhängigen Teil.

Im selben Moment geschah etwas Unerwartetes, Unfaßliches. Während sich die Wärme noch steigerte, wurde ich von einer großen innerlichen Leichtigkeit erfüllt. Ich fühlte einen unerklärlichen Wechsel meines Zustandes. Ein gewaltiger Sog zwang mich durch einen dunkeln Tunnel hindurch, und plötzlich stand ich in einem engen, rechteckigen Schacht. Im trüben Licht erkannte ich, daß dessen Wände aus groben Natursteinen gefügt waren. Er mußte wohl tief unter Tag liegen, denn ich konnte das Licht nicht sehen. In dem engen Raum herrschte eine kühle Atmosphäre. Verwundert sah ich mich um. Er war nur einige Schritte lang, doch je mehr ich nach einem Ausweg suchte, mußte ich mich damit abfinden, daß es keinen gab. Ich erschrak, als unmittelbar vor mir die Gestalt eines jungen Mädchens auftauchte. Im Augenblick ihres Erscheinens vernahm ich einige feine Klänge. Reglos stand es vor mir und schaute mich verwundert an. Wieder hörte ich dieselben Klänge. Unmittelbar hinter dem Mädchen erschien ein kleiner, wohlgenährter nackter Knabe, der mir wie ein viel zu groß geratener Säugling vorkam. Wie um die Verwunderung auszulöschen, verschwand er sofort wieder. Das Erscheinen des Knaben hatte mich für Augenblicke vom Mädchen abgelenkt, und als ich mich nach ihm umsah, war es weg. Da entdeckte ich in einer Seitenwand des Schachtes ihr verzweifeltes Gesicht. Es war das einzige, das von ihr noch zu sehen war, denn der Körper war völlig eingemauert. Entsetzt starrte ich in das verzerrte Gesicht. Der makabere Anblick verwirrte mich. Ich konnte mir nicht vorstellen, wie es in die Mauer geraten war. Als ich genauer hinsah, bemerkte ich die irre, panische Angst, die deutlich in ihrem Gesicht zu lesen war.

Krampfhaft suchte ich nach einer Möglichkeit, um das Mädchen aus seiner verzweifelten Lage zu befreien. Systematisch und genau untersuchte ich die Mauern, doch ohne Erfolg. Ratlos und verwirrt stand ich da, und erst jetzt wurde mir meine eigene verzwickte Lage bewußt. Angst überfiel mich, und ich wußte nicht, was mit mir geschehen war, wie ich in diesen Schacht gelangt war. Auf einmal entdeckte ich an dessen Ende eine

kleine Öffnung, die mir groß genug erschien, um hindurchschlüpfen zu können. Ich versuchte dem Mädchen klarzumachen, daß ich Hilfe holen wolle, um es zu befreien. Auf allen vieren zwängte ich mich durch die schmale Öffnung hindurch ins Freie. Von außen sah das Loch aus wie ein kleiner dunkler Höhlenausgang.
Ich fand mich wieder weit oben auf einer Geröllhalde, in eigenartigem Dämmerlicht. Eine öde Steinwüste lag vor mir. Vorsichtig stieg ich über das Gestein nach unten und gelangte auf einen schmalen, holprigen Pfad, der etwas weiter vorne in ein Felsental mündete. Beidseits des Weges sah ich im fahlen Dämmerlicht die kahlen grauen Felswände in die Höhe ragen. Die düstere Stimmung und die vollkommene Stille, die hier herrschten, bedrückten mich. In Gedanken versunken folgte ich diesem einzigen Weg und hatte dabei keine Ahnung, wo ich mich eigentlich befand. Diese erdrückende Ungewißheit versetzte mich in einen schwermütigen Zustand. Wo mochte mich dieser schmale Pfad hinführen? Der Gedanke begann mich zu beschäftigen, ob ich den kleinen Höhleneingang zum Schacht, wo ich das Mädchen zurückgelassen hatte, jemals wieder finden würde.
Nach langer, mühsamer Wanderung kam ich endlich ans Ende des kalten Tales. Das Gelände war hügelig, und nur vereinzelte blätterlose, verdorrte Büsche standen in dieser trostlosen Gegend. Dann wurde es heller, die Hügel wurden immer niedriger, und die Landschaft ging in eine weite Ebene über. Der Pfad, dem ich bisher gefolgt war, ging hier zu Ende. Soweit ich sehen

konnte, war die Ebene mit braunem Gras überwachsen. Nirgends ein Anhaltspunkt, dem ich mich hätte zuwenden können. Also machte ich mich aufs Geratewohl auf den Weg quer über die unendlich scheinende Weite. Zweifel tauchten in meinem Inneren auf: gab es hier überhaupt einen Ort? Unerwartet erblickte ich nach schier endlosem Wandern in der Ferne am Horizont einen kleinen Lichtpunkt. Dieser winzige Lichtschimmer entfachte in mir Hoffnung und neue Kraft; so rasch als möglich wollte ich ihn erreichen, denn endlich sah ich ein Ziel vor mir. Je näher ich kam, um so größer wurde der Lichtpunkt. Kaum konnte ich es erwarten, dort anzukommen. In Gedanken versunken, merkte ich zuerst nicht, daß das Mädchen aus der Höhle neben mir herging. Erstaunt und erschrocken über ihr Erscheinen war ich zugleich froh, daß die kalte Schachtmauer es freigegeben hatte. Ich wollte es ansprechen, doch im selben Augenblick verschwand es.

Als ich endlich in der Nähe des Lichtes ankam, bemerkte ich mehrere kleine, dicht beieinanderstehende Häuser, die von einem geheimnisvoll konzentrierten Lichtkegel mit warmem Licht überflutet wurden. Etwas weiter vorn am Weg zu den Häusern, an dessen Anfang ich jetzt stand, ragte ein Wegweiser in die Höhe. Ich eilte darauf zu, um zu lesen, was darauf stand. Doch als ich davorstand und die Inschrift entziffern wollte, fühlte ich einen grundlegenden Wechsel meines Zustandes. Ich war völlig überwältigt von der Kraft und der Intensität, mit der sich dieses fremde Gefühl in mir ausbreitete, und im gleichen Augenblick wußte ich, daß mir etwas Überirdisches bevorstand. Ich hatte das Empfinden, eine unsichtbare Türe durchschritten zu haben, denn ich war unwillkürlich an einen ganz anderen Ort geraten. Der Vorgang erweckte in mir den Eindruck, in eine andere Dimension versetzt worden zu sein.

Ich befand mich in einer geschlossenen, riesenhaften Höhle und saß in einer großen, nischenartigen Vertiefung, die in eine Wand unmittelbar über dem Boden eingelassen war. Unzählige Menschen saßen dicht beieinander am Boden, und auch die Nische war vollbesetzt. Einzig ein Platz neben mir war frei. Zu meinem Erstaunen wurde mir bewußt, daß ich am Boden saß und Arme und Beine verschränkt hatte. Ich sah mich um und bemerkte, daß auch alle anderen in dieser aufrechten Haltung mit verschränkten Armen und Beinen am Boden saßen. Mich verwunderte, daß keiner dem anderen die Sicht nach vorn verdeckte. All die vielen Menschen, die ich von meinem Platz aus sehen konnte, ließen mich die Größe dieses Höhlenraums erahnen. Kein einziges mir bekanntes Gesicht entdeckte ich, und mir schien, daß sich auch alle anderen fremd waren, denn sie schauten sich wortlos und verwundert an. Es herrschte gänzliche Stille, und ich spürte eine fremde Kraft mich dazu zwingen, hier reglos und ruhig sitzen zu bleiben. Auch alle anderen waren von dieser übernatürlichen Stille erfaßt worden und saßen reglos da. Aufmerksam und gespannt wartete ich auf das, was bevorstand. Ein gedämpftes, warmes Licht hüllte die ganze Höhle in eine geheimnisvolle Stimmung. Nun erin-

nerte ich mich des seltsamen Wegweisers, dessen Inschrift ich nicht entziffern konnte, und des Dorfes im warmen Licht, das ich nie erreicht hatte. Jetzt wußte ich mit Sicherheit, daß es dieser Wegweiser war, der mir den Weg hierher gewiesen hatte.
Mein Wahrnehmungsvermögen war durch den einschneidenden Vorgang des Ortswechsels beeinträchtigt. Plötzlich bemerkte ich, daß der Platz neben mir besetzt war. Das unbekannte Mädchen saß jetzt neben mir. Ich fragte mich, wer es überhaupt sei; noch nie hatte es mich angesprochen, auch damals nicht, als es sich in der hoffnungslosen Lage im Schacht befand. Auch das Mädchen schien überrascht zu sein und schaute mich verwirrt an. Es herrschte absolute Ruhe, die weder durch einen Laut noch durch eine Bewegung gestört wurde. Plötzlich geschah etwas Seltsames: ich erhielt einen telepathischen Befehl, der nicht durch Worte, sondern durch eine bestimmte Kraft zum Ausdruck kam. Gemeinsam mit allen anderen hob ich langsam beide Arme auf Brusthöhe, die Handflächen nach oben gedreht.
Mein Verstand und meine Logik waren hier am Ende angelangt, und ich begriff, daß es für mich nichts mehr zu verstehen gab.
Gleichzeitig wußte ich mit Bestimmtheit, daß es von hier kein Zurück mehr gab. Leise harmonische Klänge erfüllten den großen Raum. Sie setzte sich aus verschiedenen Harmonien zusammen, die gleichzeitig erklangen und Wohlklang und Wärme ausströmten. Der volle, warme Klang erfüllte mich mit tiefer Ruhe und

Frieden, so daß meine Ungewißheit und Angst auf der Stelle verdrängt wurden. In dieser Ruhe und Zufriedenheit wurde mir der Gedanke an die Einzigartigkeit dieses Geschehens eingegeben. Die Deutlichkeit und Klarheit dieses Impulses verwirrten mich, weil ich die Tiefe seiner Bedeutung nicht verstehen konnte. Die Klänge wurden leiser und verstummten schließlich ganz. Wieder fühlte ich die mir schon bekannte angenehme Wärme in meinen beiden Handflächen und sah wieder auf jeder eine große goldene Goldmünze liegen. Auf den beiden Münzen waren wiederum verschiedene, mir fremde Zeichen eingraviert. Auch auf den Händen aller anderen lagen jetzt viele verschiedene Gegenstände. Dieser Anblick faszinierte mich derart, daß ich nicht bemerkte, wie die Münzen von meinen Händen verschwunden waren und sich dort jetzt zwei andere Gegenstände befanden. Auf einer Hand lag zu meinem Erstaunen der Ring, den ich vor langer Zeit verloren hatte, auf der anderen ein Buch, wobei mir nicht genug Zeit blieb, um den Titel zu erkennen. Kurz ertönten die herrlichen Klänge, und als sie verstummten, waren auch Ring und Buch verschwunden. An ihrer Stelle lagen wiederum andere Gegenstände. Das Ganze wiederholte sich über eine längere Zeitspanne; die Wechsel vollzogen sich immer schneller, so daß es mir nicht mehr möglich war, die Gegenstände richtig zu erfassen. Meine Augen waren fest auf meine beiden Hände gerichtet; der Vorgang war so faszinierend, daß ich den Wunsch verspürte, mehr vom Ganzen zu sehen. Ich beugte meinen Oberkörper leicht nach vorn, um die

Höhle besser zu überblicken, aber augenblicklich wurde ich an den Anfang einer tiefen Schlucht versetzt. Wiederum ging dieser plötzliche Wechsel zu schnell vor sich, als daß mein Bewußtsein ihn hätte erfassen können. Und wiederum verstrich einige Zeit, bis ich begriff, was mit mir geschehen war und daß ich mich nicht mehr in der Höhle, sondern in dieser Schlucht befand. Dunkelheit umgab mich, einzig auf dem Weg aus groben Steinen, der steil die Schlucht hinaufführte, lag ein trüber Lichtschimmer; es sah aus, als ob ein langer Lichttunnel den Weg die Schlucht hinauf erhelle. Ein Gefühl der Einsamkeit überfiel mich. Eben noch war ich unter den unzähligen Menschen in der Geborgenheit der Höhle und jetzt völlig allein! Wie bereits etliche Male zuvor stieg in mir ein seltsames Gefühl der Gewißheit empor, und diesmal war ich sicher, daß ich für meine Neugierde bestraft worden war. Trotz der Dunkelheit konnte ich feststellen, wie die Felswände beidseitig so hoch aufragten, daß es schien, als berührten sie sich hoch über mir. Um diese unheimliche Schlucht zu umgehen und in der Hoffnung, einen anderen Weg zu finden, drehte ich mich um. Wie erschrak ich, als ich feststellen mußte, daß sich die Wände unmittelbar hinter mir geschlossen hatten und ich gezwungen war, im trüben Licht dem steilen Weg die Schlucht hinauf zu folgen. Jeden Schritt mußte ich sorgfältig setzen, um nicht hinzufallen. Die nackten Felswände, die beidseitig den Weg säumten, ließen mich erschauern. Während ich langsam und behutsam den zerklüfteten Pfad emporstieg, tauchte in mir ein Wunschbild auf: Ich sah mich

kniend im grünen Gras vor einer sprudelnden Quelle, doch als ich meine Hand in das kühle Naß tauchen wollte, wurde ich unwillkürlich in die rauhe Wirklichkeit zurückgerissen. Nach langem, mühsamem Weg wurde die Schlucht breiter und heller, der Weg war hier mit braunen, verdorrten Grasbüscheln bewachsen.
Unerwartet erblickte ich weit oben in der Mitte des Pfades einen großen Baum. Die saftiggrünen Blätter dieses gesunden Baumes hoben sich stark von der Kargheit der Steinwüste ab. Er strahlte eine intensive Energie aus, die sich sogleich auf mich übertrug. Ich spürte, wie eine starke Anziehungskraft von dem Baum ausging, die mich zu ihm hinzwang. Es war eine übergroße uralte Eiche. Gleich hinter dem Stamm befand sich ein Bretterverschlag; da hinein stieß mich diese seltsame Kraft. Von innen her erfüllte mich die Gewißheit, ich müsse hier warten, bis die ganze Zeremonie in der Höhle zu Ende sei, weil ich sie durch meine Neugierde gestört hatte. Etwas in mir veranlaßte mich trotzdem, im Bretterverschlag nach einer Öffnung zu suchen, denn ich hatte ja keine Ahnung, wie lange ich hier würde ausharren müssen.
Unverhofft fand ich nach einiger Zeit den Ausweg und gelangte erneut auf den steinigen Pfad, der von hier aus weiter hinaufführte. Jetzt bewirkte die Kraft des Baumes genau das Gegenteil: so wie er mich zuvor angezogen hatte, stieß er mich nun von sich, den Pfad empor. Der Weg wurde immer steiler. Weiter oben erblickte ich einen zweiten Baum, der aber halb so mächtig war wie der erste. Auch dieser übte eine Anziehung auf mich

aus, wenn sie auch nicht so stark war. Ich fühlte mich wie in einem Magnetfeld, das mir unsichtbar den Weg wies. Auch hinter diesem Baum gab es einen Verschlag, der aber nur halb so groß wie der andere war. Auch hier wurde ich unwiderstehlich hineingezwungen und blieb längere Zeit darin. Weiter oben sah ich einen dritten Baum, wiederum eine Eiche, der wieder nur halb so groß wie die zweite war, unter der ich jetzt stand. Diesmal mußte ich nicht nach einem Ausweg suchen, denn kurz danach wurde ich aus dem Verschlag hinausgestoßen, den Weg hinauf zum letzten Baum. Dessen Verschlag war sehr klein und bot knapp genug Platz zum Stehen. Die Kraft, die mich von Baum zu Baum trieb, war hier nicht mehr vorhanden, und ich fühlte, daß ich den Weg aus eigenem Willen fortsetzen konnte. Die Felswände waren jetzt nicht mehr so hoch, aber immer noch blieb mir keine andere Wahl, als diesem einzigen Weg durch die Steinwüste zu folgen.
Plötzlich durchfuhr mich ein Schreck: Ich stand vor einem Abgrund, und pechschwarze, undurchdringliche Finsternis lag vor mir. Die Schlucht war hier jäh zu Ende, wie abgeschnitten. Die Lage schien aussichtslos, denn ein Zurück war unmöglich. Ratlosigkeit und eine erdrükkende Stille lähmten meine Sinne, und eine große Leere überwältigte mich. Ich stand vor dieser unheimlichen Dunkelheit, dem Nichts, als es mich unversehens in den finsteren Abgrund hinunterriß. Getragen von einem unaufhaltsamen feinen Sog, schwebte ich langsam in die unergründliche Tiefe. Bei vollem Bewußtsein flog ich nahe der Felswand entlang nach unten,

und in meiner panischen Angst glaubte ich, dies sei mein Ende.
Unerwartet entdeckte ich unter mir ein schmales Felsband, das sich längs der Wand hinzog. Eine unangenehme Kraft steuerte mich genau darauf zu. Nun stand ich auf diesem äußeren schmalen Sims. Eine falsche Bewegung – und ich würde weiter in den Abgrund stürzen. Eine unsichtbare Lichtquelle erhellte das Felsband mit fahlem Licht. Starr vor Angst blieb ich stehen, um meine Gedanken zu ordnen. Ich überlegte, wo ich wohl hingeraten wäre, wenn ich nicht diesen Felsvorsprung erreicht hätte. Gab es überhaupt noch etwas in dieser Leere außer dem dunklen Nichts? Eines wußte ich genau: ich mußte alles versuchen, um diesem Abgrund zu entrinnen. Im matten Licht konnte ich nur wenig erkennen, und so tastete ich mich mit größter Vorsicht vorwärts. Immer wieder mußte ich stehen bleiben, um mich zu konzentrieren, denn das Grauen vor dem schrecklichen Abgrund hatte mich gepackt.
Mühsam arbeitete ich mich vorwärts, und nach langem sah ich einen großen Felsvorsprung, zu dem der schmale Felsweg hinführte, um gleich darauf meinem Blickfeld zu entschwinden. Als ich um die Felsnase bog, erstarrte ich vor Entsetzen: vor mir stand eine übergroße schwarze Gestalt mitten auf dem schmalen Pfad. Mit feurigen, blutunterlaufenen Augen starrte sie mich an und versperrte mir den Weg. Sie besaß einen kräftigen, muskulösen Körper, einen nackten Schädel, und an ihrem Oberarm glänzte ein metallener Armring. Bekleidet war sie nur mit einem dunkelroten, an den Rän-

dern mit goldenen Verzierungen bestickten Lendentuch. Der Gedanke, dies müsse ein Wächter der Unterwelt sein, schoß mir durch den Kopf, und eine Legende kam mir in den Sinn, wonach Nubier die Wächter der Unterwelt seien. Dies mußte einer von ihnen sein, denn er entsprach genau meiner Vorstellung, was meine Angst nur noch steigerte. Lange stand er vor mir, vollkommen reglos, und hielt mich mit seinem feurigen Blick im Banne. Was hatte er mit mir vor? Warum unternahm er nichts? Ich mußte annehmen, daß es seine Absicht war, mich in den Abgrund zu stürzen.

Verzweifelt suchte ich nach einer Möglichkeit, an ihm vorbeizukommen, doch wußte ich, daß, wenn er mir nur den geringsten Stoß versetzte, ich in den Abgrund stürzen würde. Zurück konnte ich nicht, denn es war aussichtslos, sich auf dem schmalen Pfad umdrehen zu wollen. Plötzlich verschwand er, doch dann sah ich, daß er etwas weiter vorn über dem Abgrund schwebte. Es war erstaunlich, wie reglos er sich im leeren Raum aufhalten konnte, und die vollkommene Kontrolle, die er über seinen Körper besaß, verblüffte mich. Immer noch starrte er mich kalt an, und zu meinem Entsetzen sah ich noch zwei weitere, genau gleich aussehende Gestalten aus dem Nichts erscheinen und ziemlich hoch über mir dahinschweben. Alle trugen rote, mit Gold verzierte Lendentücher. Der Stoff sah aus wie feinste Seide, und die tief dunkelrote Farbe mit den goldenen Verzierungen bildete einen leuchtenden Kontrast zu den dunklen Körpern.

Es gelang mir nicht, meinen Blick von ihnen abzuwen-

den. Trotz der tiefen Finsternis, die uns umgab, konnte ich die drei deutlich erkennen. Auf einmal kam Bewegung in sie; es war unglaublich, mit welcher Mühelosigkeit und Geschmeidigkeit sie sich bewegten! Vorsichtig, den Blick immer auf die drei Gestalten gerichtet, wagte ich mich vorwärts, ihre Gegenwart machte mich unsicher. Ich erschrak, als ich plötzlich Gegenstände in ihren Händen erkannte. Einer hielt einen langen Speer in der Hand, den er sogleich mit Kraft nach mir schleuderte, wobei er meinen Kopf nur knapp verfehlte. Der Speer prallte gegen die Felswand und löste sich in Nichts auf. Erstarrt vor Angst blieb ich stehen. Meine Lage war hoffnungslos; ich war ihnen ausgeliefert. Weitere Gegenstände wurden nach mir geworfen, um mir den Fortgang zu erschweren.
Aber ich erkannte bald, daß es nicht in ihrer Gewalt lag, mir den Weg zu versperren. Ihr Ziel war es offensichtlich, mich aus der Fassung zu bringen und in den Abgrund zu stürzen. Ich kam nur äußerst mühsam vorwärts, und mir schien der Weg bereits endlos, als ich zu meiner Erleichterung feststellte, daß er jetzt etwas breiter wurde. Auch war da plötzlich ein metallenes Geländer, das den Weg vom Abgrund trennte. Ein rötlicher Lichtschimmer tauchte den Pfad in eine unheimliche Atmosphäre. Eine unangenehme Feuchtigkeit und beunruhigende trübe Stimmung ließen mich frösteln. Der Weg und das Geländer gaben mir jedoch ein wenig Sicherheit, denn offenbar waren die drei Wächter zu meinen ständigen Begleitern geworden. Einige Zeit glaubte ich zwar, ich sei diese unheimlichen Trabanten

losgeworden, denn ich sah sie plötzlich nicht mehr. Noch lange folgte ich dem Weg bis zu einer Stelle, wo er plötzlich abbrach.
Zu meiner völligen Überraschung hatte ich den Abgrund schon wieder gänzlich übersehen und schritt in die Finsternis hinaus. Und wieder geschah etwas Unfaßliches: anstatt in die Tiefe zu stürzen, schwebte ich im Nichts. Ein überwältigend angenehmes Gefühl befiel mich, wie ich es noch nie zuvor empfunden hatte. Schwerelos und in vollkommener Leichtigkeit schwebte ich in der Stille. Raum und Zeit hatten aufgehört zu existieren. Lange verharrte ich in diesem Zustand völliger Gedankenlosigkeit in der Leere, bis in mir der Gedanke erwachte, ob dies für mich wohl das Endgültige sei. Dieser einzige Gedanke veränderte wiederum schlagartig meinen Zustand und weckte meinen Widerstand. Mein ganzes Bewußtsein sträubte sich dagegen. Diese Gefühlsregung löste einen Reflex aus, und ich merkte, daß ich ein wenig Kontrolle über mich zurückgewann und meine Richtung nach Belieben ändern konnte. Allein der Gedanke „WOHIN?“ erschütterte mich zutiefst. War die Frage „WOHIN?“ hier überhaupt berechtigt? War diese Leere die Ewigkeit? Meine Empfindungen hatten sich stark verfeinert, und ich wollte mich mit dieser Realität nicht abfinden.
Lange irrte ich in der Leere umher, bis wiederum eine unerwartete Wende eintrat. Es schien mir, als ob ich in der Finsternis einen winzigen Lichtpunkt wahrgenommen hätte, der aber gleich wieder verschwand. Zuerst glaubte ich, ich hätte mich getäuscht und war entmu-

tigt. Doch da tauchte er wieder auf. Ich hatte mich nicht geirrt, und das gab mir Zuversicht. Der bloße Wunsch, zu dem Lichtpunkt zu gelangen, genügte, um mich augenblicklich dorthin zu versetzen. Dieser mysteriöse Vorgang, aus der Leere zum Lichtpunkt versetzt zu werden, war für mich wiederum unfaßlich. Seit ich das Licht zum erstenmal erblickt hatte, war mir keine Zeit zu Überlegungen geblieben, was sich dort wohl befinden könnte. Und da ich soeben noch in einem vollkommen erwartungslosen Zustand geschwebt hatte, verwirrte es mich jetzt maßlos, auf dem Boden vor einer hohen Steinmauer zu stehen. War dies der Lichtpunkt, den ich vorhin in der Finsternis gesehen hatte? Ich hatte das Empfinden, mich auf einer kleinen Insel in der Leere zu befinden. Augenblicklich wurde ich durch eine der dunklen Gestalten, die unerwartet vor mir stand, aus meinen Gedanken gerissen. Sie hatte beide Hände in die Hüften gestützt, und die Bauchgegend weckte besonders meine Aufmerksamkeit, denn an Stelle des Nabels hatte sie ein großes Auge, das mich kalt anstarrte. Es schien, als ob dieser Wächter mir wieder den Weg versperren wolle, aber hier gab es ja gar keinen Weg. Meinen Augen bot sich bloß der Blick auf eine hohe Mauer aus Natursteinen. Die Gestalt vor mir machte mit dem Bauch eine kreisende Bewegung, und anstelle des Auges quoll jetzt Wasser aus einer kleinen Öffnung. Dieselbe kreisende Bewegung, und anstelle der Öffnung war wieder das Auge. Wieder kreiste er mit dem Bauch, und abermals floß Wasser aus der Nabelöffnung. Der merkwürdige Vorgang entfachte Neugierde in mir, der ich nicht widerstehen konnte. Gedankenlos trat ich auf ihn zu, und etwas in mir zwang mich dazu, meinen Zeigefinger in die kleine Öffnung zu stoßen. Als ich ihn zurückzog, war zu meinem Schrecken seine Nabelschnur mit meiner Fingerspitze eins geworden. Krampfhaft versuchte ich sie abzuschütteln, doch ohne Erfolg.

Ich entfernte mich einige Schritte von dem Kerl, doch unaufhaltsam quoll die Nabelschnur aus seiner Bauchhöhle. Vor seinen Füßen war bereits ein Haufen entstanden, und immer noch versuchte ich verzweifelt, sie von meinem Finger zu streifen. Entsetzt schaute ich ihn an, doch der Vorgang schien ihn nicht im geringsten zu stören, denn er stand immer noch vollkommen regungslos vor mir.

Endlich gelang es mir, die Nabelschnur von meiner Fingerspitze zu entfernen, worauf sich die unheimliche Figur langsam vor mir in Nichts auflöste. Da wurde mir klar, daß ich die Erscheinung bezwungen hatte. Ratlos stand ich nun von dieser scheinbar unbezwingbaren hohen Steinmauer. Auf einmal wurde ich durch einen übernatürlich starken Sog durch die Mauer hindurchgedrängt und stand in einem verliesähnlichen großen Raum. Hier herrschte eine eiskalte Atmosphäre, kein Lichtstrahl drang herein. Langsam gewöhnten sich meine Augen an die Finsternis, und ich konnte allmählich meine Umgebung besser erkennen. Was ich nun sah, lähmte meine Sinne erneut vor Angst und Grauen. Ich spürte einen beängstigenden Vorgang in mir und fürchtete, jeden Moment den Verstand zu verlieren:

Hohe Pfeiftöne drangen durch meinen Kopf, und die Angst vor dem Verrücktwerden steigerte sich noch. Eingeschlossen in diesen großen düsteren Raum, der wie ein mittelalterlicher Kerker aussah, standen in der Mitte mehrere schätzungsweise zehn Meter hohe Stangen in regelmäßigen Abständen dicht beieinander. Jede dieser Stangen hatte oben eine kleine, flache Plattform, an einigen hingen in gleichen Abständen vier große Metallhaken. An jedem dieser Haken war eine menschenähnliche Gestalt unmittelbar unter einem der Arme seitlich des Körpers eingehakt. Alle hatten dieselbe gerade Körperhaltung, die Arme und Beine verschränkt und die Beine angezogen. Auf den Plattformen oberhalb der anderen Stangen saßen je zwei solcher Gestalten Rücken an Rücken, ebenfalls Arme und Beine verschränkt. Alle Scheiben drehten sich langsam im Kreis, es sah aus, als ob die Gestalten auf einem unsichtbaren Karussell säßen. Ich schaute genau hin und entdeckte, daß sie alle gleich aussahen. Alle waren mit denselben braunen tuchartigen Gewändern aus einem Stück bekleidet. Anstelle von Mund und Nase hatten sie einen großen fleischartigen Schnabel, an dem weder Mund- noch Nasenöffnungen zu sehen waren. Ihre kahlen Schäden und die großen dunklen Augen verliehen ihnen einen befremdlichen Ausdruck. Dieser schreckliche Anblick verstörte mich so, daß ich kein Glied rühren konnte.

Erst nach einiger Zeit vermochte ich den Blick von den Stangen zu lösen, und da begann ich, die Umgebung genauer zu betrachten. Der Kerker bestand rundum

aus einer einzigen Mauer, in die in unregelmäßigen Abständen und Höhen verschieden große Nischen eingelassen waren. In der mir am nächsten liegenden Nische saß eine weibliche Gestalt, die mit demselben braunen Tuch bekleidet war wie die anderen. Mit verschränkten Armen und Beinen saß sie reglos da und starrte zur Mitte des Raumes. Aus ihrer Stirn ragte ein großes, nach oben gebogenes und spitz zulaufendes Horn. Trotz des dumpfen Blicks sah man deutlich Angst und Verzweiflung in ihren Augen. Ich staunte, wie sie in aufrechter Haltung reglos dasitzen konnte und nicht nach vorne aus der Nische fiel, denn das Horn mußte eine große Last für sie sein.
Als ich mir dann eine Nische nach der anderen genauer ansah, bemerkte ich in jeder ein solches abartiges Wesen. In der nächsten saß eine männliche Figur in derselben Haltung. Sie hatte zwei überdimensionale Ohren, die so am Kopf herunterhingen, daß sie beinahe den Nischenboden berührten. Auch sie hatte ihren stumpfen Blick zur Mitte des Raumes gerichtet, wo sich die Stangen befanden. Obwohl mit Mund und Nase versehen, gab sie keinen Laut von sich. Auch hier mußte ich staunen ob der Größe und dem Gewicht der Ohren, denn sie mußten sehr schwer sein, und ich wunderte mich darüber, daß dem Wesen nicht Löcher in den Kopf gerissen wurden.
In der nächsten Nische saß ebenfalls ein männliches Wesen mit kahlgeschorenem Kopf, wie die anderen mit verschränkten Armen und Beinen sitzend, und auch sein leerer Blick war auf die Stangen hin gerichtet.

Anstelle der Arme hingen zwei große fledermausähnliche Schwingen tot nach unten, beidseitig den Boden berührend. Ich versuchte mir vorzustellen, welch abstoßendes Gefühl es sein müsse, diese riesengroßen Schwingen zu tragen. In einer höher gelegenen Nische weiter vorne saß noch ein weiteres männliches Wesen. Diesem war ein mächtiges Horn mitten auf der Brust gewachsen.

Allen diesen Wesen gemeinsam war dieser unnatürliche starre und ausdruckslose Blick. Die merkwürdige Erkenntnis reifte in mir, daß alle diese Wesen eine übergroße Last tragen mußten. Die bedrückende Stille und der entsetzliche Anblick bewirkten, daß ich keinen klaren Gedanken fassen konnte.

Auf dem unebenen feuchten Erdboden standen mehrere kleine Holzeimer. Dieser Anblick erweckte von neuem meinen brennenden Durst und die Hoffnung in mir, etwas Trinkbares zu finden. Endlich gelang es mir, die Augen von dem schrecklichen Anblick abzuwenden. Unwillkürlich ging ich auf die Gefäße zu und stellte fest, daß sich darin nur grünes, schlammig verfaultes Wasser befand, bis auf ein Gefäß, das bis zur Hälfte mit klarem Wasser gefüllt war. Erleichtert beugte ich mich darüber, um mit der Hand ein wenig Wasser zu schöpfen, doch noch bevor ich die Hand ins Wasser getaucht hatte, erstarrte meine Bewegung, und ich vernahm wieder diesen eigenartigen hohen Pfeifton, der mir diesmal einen stechenden Schmerz im Kopf verursachte. Ich wußte nicht, wie mir geschah, denn im gleichen Augenblick saß ich zuoberst auf einer Stange auf einer

Plattform. Dieses Ereignis erschütterte mich derart, daß ich eine geraume Zeit brauchte, um meine neue Lage richtig zu begreifen.
Allmählich wurde mir klar, daß auch ich Rücken an Rücken mit einer dieser unheimlichen Gestalten saß. Ich bemerkte, daß meine Arme und Beine ebenfalls verschränkt waren und spürte zu meinem großen Entsetzen, daß mitten aus meinem Gesicht ein großer Schnabel, ein Fleischklumpen ohne Nasen- und Mundöffnung, gewachsen war. Als mir bewußt wurde, daß ich weder Nahrung noch Flüssigkeit zu mir nehmen konnte, überfiel mich ein Gefühl der Angst, ich würde hier elendiglich zugrunde gehen. Wie versteinert saß ich da, unfähig, mich auch nur im geringsten zu bewegen. Es gab nun keinen Unterschied mehr zwischen den anderen und mir. Extrem langsam drehte sich die Plattform im Kreis, so daß ich keine andere Wahl hatte, als mir das grauenhafte Schauspiel ganz genau anzusehen. Hatten diese Wesen vielleicht noch irgendwelche Empfindungen? Das schien mir unwahrscheinlich, denn in ihren Augen konnte ich nur Leere feststellen. So dachte ich, daß ich wohl der einzige war, der noch Empfindungen besaß.
Was mich am meisten bedrückte, war die Ungewißheit, ob dies mein endgültiger Platz sei, denn in diesem Fall würde ich zweifellos auch bald ganz abgestumpft sein. Die Angst, keine Nahrung mehr aufnehmen zu können, löste sich bald auf, als mir klar wurde, daß man hier keine mehr benötigte.
Die Zeit hoch oben auf der Stange wurde für mich zur

Ewigkeit. Ohne das geringste Anzeichen einer Veränderung saß ich plötzlich in einer der Nischen in der Wand. Der unerwartete Wechsel, die blitzartige Schnelligkeit, mit welcher dies geschah, verursachte für einige Zeit ein großes Loch in meinen Gedanken. Erst nach einer Weile wurde ich mir der veränderten Situation bewußt.

Ein starker, dumpfer Schmerz an meiner Stirn riß mich aus meinem apathischen Zustand. Als die Teilnahmslosigkeit nachließ, sah ich, was mir den Schmerz verursachte. Der fleischige Schnabel war aus meinem Gesicht verschwunden, dafür ragte dort jetzt ein dunkles, nach oben gebogenes Horn heraus. Meine Körperhaltung war dieselbe wie auf der Plattform: ich saß mit verschränkten Armen und Beinen, die Beine hochgezogen, da.

Mühsam versuchte ich meinen Kopf ein wenig zur Seite zu drehen, was mir erstaunlicherweise gelang, doch erlaubte mir die schwere Last nur eingeschränkte Bewegungen. Aus dieser Nische sah ich das grauenhafte Geschehen aus einer ganz anderen Perspektive, der Anblick war noch entsetzlicher als von oben auf der Stange. Lange blieb ich an diesem Ort sitzen, bis ich mich plötzlich und unerwartet auf der gegenüberliegenden Seite des Kerkers in einer anderen Nische in der Mauer befand. Das erste, was ich feststellte, war, daß soeben ein anderes Wesen den von mir verlassenen Platz eingenommen hatte. In der Dämmerung sah ich, daß das große dunkle Horn nun mitten aus seiner Stirn herausragte. Beidseitig des Kopfes spürte ich selber ein starkes Ziehen, das von zwei überdimensionalen Ohren herrührte, die an meinem Kopf angewachsen waren und den Boden der Nische fast berührten. Nun fiel mir ein, daß mich vorher beim Anblick des einen Wesens mit den großen Ohren erstaunt hatte, daß sie ihm nicht Löcher in den Kopf gerissen hatten. Nun spürte ich diese schwere Last selber und wunderte mich, daß mir das Gewicht nicht den Kopf entzweiriß. Ich fühlte, wie sich die Ohren ein wenig vor- und rückwärts bewegten, doch mein Körper blieb dabei starr und reglos.

Der Schrecken, das Grauen und die entsetzliche Angst waren zuviel, ich fühlte, wie ich auf einer anderen Sinnesebene anlangte und einen Punkt erreichte, in dem sich eine Immunität gegen den Schrecken entwickelte. Kurz darauf befand ich mich in einer anderen Nische, ohne diese Ohren, dafür hingen mir an Stelle meiner Arme fledermausähnliche Schwingen wie tot nach unten und berührten den Boden. Deutlich spürte ich das Fehlen meiner Arme und empfand großen Abscheu vor diesen widerlichen Schwingen. Von all den Nischen, in denen ich mich bisher befunden hatte, war diese die schrecklichste und unangenehmste. Das Gefühl, keine Arme mehr zu haben, war unerträglich. Zu meiner Erleichterung wurde ich bald in eine andere Nische versetzt, und sogleich merkte ich, daß die gräßlichen Schwingen verschwunden waren und ich dafür meine Arme wieder hatte. Jetzt ragte ein riesiges Horn mitten aus meiner Brust, das sich vor meinem Gesicht nach oben bog und in

einer Spitze endete. Trotz dieser großen Last blieb mein Körper immer noch reglos und in aufrechter Haltung.
Das ganze Geschehen schien kein Ende zu nehmen, und ich fiel langsam in einen apathischen Zustand zurück. Da begriff ich, daß der ganze Vorgang ein Ritual war und alle die Wechsel von Ort zu Ort in einem bestimmten Rhythmus vor sich gegangen waren.
Plötzlich stand ich am Boden vor den Eimern unter den Stangen. Alle abartigen Merkmale waren verschwunden, und meine Gestalt hatte wieder ihr normales Aussehen angenommen, was mich sehr beruhigte. Zu meiner Enttäuschung sah ich, daß das klare Wasser in dem einen der Eimer inzwischen ebenfalls zu einer schlammigen Brühe geworden war.
Ziellos irrte ich in diesem unheimlichen Verlies umher, verwundert darüber, daß mein Gehirn trotz allem noch klar geblieben war. Plötzlich entdeckte ich etwas, worüber ich mir schon lange nicht mehr den Kopf zerbrochen hatte: einen Ausweg aus dieser Höhle. Ich sah einen schwachen Lichtschimmer unmittelbar über dem Boden durch die Wand dringen. Überzeugt davon, daß die winzige Öffnung vorher noch nicht dagewesen war, kniete ich davor nieder, um sie mir näher anzusehen. Je mehr ich mich ihr näherte, desto größer wurde die Öffnung und war bald groß genug, daß ich hinausschlüpfen konnte. Ich zögerte keinen Augenblick, diesen schrecklichen Ort zu verlassen. Auf allen Vieren kroch ich ins Freie. Als ich mich draußen aufrichtete und mich nach der Mauer umsah, war sie verschwunden.
Hinter mir war wieder undurchdringliche Finsternis. So

rasch als möglich wollte ich von diesem Ort weg, und je weiter ich mich entfernte, um so heller wurde die Gegend. Nach langer Zeit gelangte ich auf einen schmalen Weg, der mich durch steiniges Geländer zu einer Gruppe von Steinhäusern führte. Beim Näherkommen gewahrte ich allerdings, daß sie weder Türen noch Fenster hatten. Eine merkwürdige Leichtigkeit erfüllte mich, und erst jetzt merkte ich, daß ich knapp über dem Boden schwebte. Langsam zog es mich über den schmalen Weg zwischen den alten Steinhäusern hindurch. Es war ein ungewohnter und eigenartiger Anblick, diese großen, offensichtlich menschenleeren Häuser ohne Fenster und Türen!

In diesem Augenblick spürte ich, daß ich nicht mehr allein war, und als ich meinen Kopf zur Seite wandte, entdeckte ich wieder das unbekannte Mädchen, das an meiner Seite schwebte. Beidseits des schmalen Weges standen vereinzelt hölzerne Eimer und große Trinkgläser. Alle waren mit verschiedenartigem Inhalt gefüllt.

Ich versuchte, eines der Gläser zu ergreifen, doch es war mir unmöglich, den Sog zum Stillstand zu bringen, und unaufhaltsam zog es mich weiter. Die Häuser lagen schon weit hinter mir, als der Sog langsam nachließ und ich wieder auf den Boden zu stehen kam. Im ersten Moment fragte ich mich, ob ich zurückgehen solle, um endlich meinen brennenden Durst zu stillen, aber ich war schon zu weit von den Häusern entfernt. Außerdem war ich nicht sicher, ob ich wirklich dahin zurückgelangen würde. So beschloß ich, dem Weg zu folgen, auf dem ich gelandet war.

Später kam ich zu einer Stelle, wo der Weg sich verzweigte. Von einem starken inneren Antrieb gelenkt, wählte ich den Weg, der nach rechts führte. Beidseits ragten nun wieder graue Felsen empor, und der Weg wurde immer schmaler. Vorsichtig folgte ich dem Pfad durch das kleine Felslabyrinth, als ich unvermutet seitlich im Felsen auf etwas aufmerksam wurde: Schon von weiten erkannte ich das Gesicht des Mädchens, das mich aus der Felswand unverwandt anschaute. Es war mir unerklärlich, daß ich seinen Körper nirgends sehen konnte. Wie war es bloß in diese Felswand hineingeraten? Als ich mich ihm näherte, fiel mir auf, wie es mit seinen Augen aufmerksam Schritt für Schritt verfolgte. Diesmal konnte ich in seinem Gesicht weder Verzweiflung noch Angst lesen, sondern vollkommene Ruhe und Heiterkeit. Das strahlende Gesicht wirkte wie eine blühende Blume im grauen Fels, ein lebendiger Organismus im toten Gestein. Lange stand ich wortlos da, doch so tief auch mein Wunsch war, sie anzusprechen, so unmöglich war es mir doch, einen Laut über die Lippen zu bringen. Ich war zudem überzeugt davon, daß es auch ihr unmöglich war, mit mir zu sprechen.
Kurz danach war auch ich in der Felswand gefangen. Der Innenraum war schmal und eiförmig, aber gerade groß genug, um meine Bewegungsfreiheit nicht zu sehr einzuschränken. Ich spürte, wie mein Körper eingeschrumpft und winzig klein geworden war. Einzig mein Kopf hatte die normale Größe behalten; mein Gesicht lag frei und schaute aus dem Felsen heraus. Ich lag auf dem Bauch in diesem kleinen Innenraum, meine bei-

den Arme waren längs des Körpers ausgestreckt. Tiefe Zufriedenheit erfüllt mich in einem Zustand vollkommener Entspannung. Seltsamerweise kamen überhaupt keine Angstgefühle auf, und ich machte mir auch keine weiteren Gedanken darüber, daß ich hier eingeschlossen war. Es war mir völlig gleichgültig, wo ich mich befand. Unmittelbar vor mir sah ich den schmalen Weg und gegenüber die Felswand. Plötzlich stand das Mädchen vor mir und schaute mich stumm an. Offenbar hatte der Fels es freigegeben. Ohne daß ich den Wunsch dazu verspürte, stand auch ich plötzlich wieder auf dem Weg.
Gemeinsam legten wir ein Stück des Wegs zurück, bis ich irgendwann einmal das Verschwinden des Mädchens feststellte. Ich begriff zwar nichts, hatte mich aber anderseits mit ihrem Auftauchen und Verschwinden abgefunden, so daß mich die Tatsache nicht weiter beschäftigte. Das Felslabyrinth war plötzlich verschwunden, und obwohl ich den Boden unter meinen Füßen spürte, hatte ich das Gefühl, im Nichts zu stehen. Von pechschwarzer Finsternis umgeben, wurde ich von einem warmen, starken Licht überflutet, das sich genau über meinem Kopf schloß und mir den Eindruck gab, ich stünde in einem kleinen Lichtkegel. Dieses Licht inmitten totaler Finsternis war seltsam. Etwas zwang mich dazu, an Ort und Stelle zu verharren. Schließlich hatte ich die unglaubliche Gewißheit, ich selber sei der leuchtende Punkt in rabenschwarzer Dunkelheit. Die Zeit stand still, und es herrschte absolute Stille. Ein Gefühl kam in mir hoch, als ob unmit-

telbar etwas Bedeutsames und höchst Mysteriöses bevorstünde.
Ein lauter harmonischer Klang ertönte kurz im Innern meines Kopfes, und sogleich wurde ich vom dunklen Nichts verschluckt. Als mich das Nichts wieder freigab, stand ich unter einem mächtigen Felsvorsprung und hatte das starke Empfinden, soeben durch einen Fels hindurchgegangen zu sein. Ich trat unter dem Felsvorsprung hervor. Eine seltsame, ungewöhnliche und mir fremde Helligkeit umgab mich. In diesem bizarren Licht stand ich oben auf einem leicht abfallenden, mit fremdartigem Gras überwachsenen Hang. Vorsichtig und mit unsicheren Gefühlen stieg ich langsam hinunter und befand mich schließlich wiederum auf einem schmalen Pfad. In meiner Unsicherheit fühlte ich mich in seltsamer Verfassung, verlassen und allein.
Lange folgte ich dem Pfad, bis ich in weiter Ferne eine Anhöhe erreichte, hinter welcher der Weg in einer Biegung verschwand. Als ich um die Krümmung bog, blieb ich vor Schreck fassungslos stehen: Welch unglaublicher Anblick bot sich meinen Augen und verwirrte meine Gedanken! Beidseits des Weges waren äußerst merkwürdige Kreaturen zu hohen Stapeln aufgeschichtet. Alle sahen haargenau gleich aus, mit kahlen und dunklen knochigen Schädel, einem enormen Schnabel und großen dunklen Augen; sie glich denen, die ich im Kerker gesehen hatte. Die Wesen waren so aufgeschichtet, daß einzig ihre Köpfe zu sehen waren und die Stapel mit den Schädeln eine Gasse bildeten, durch welche der Weg hindurchführte. Wie ich am Anfang der

Gasse feststellen konnte, besaßen sie menschenähnliche Leiber, und alle lagen in gleicher Weise, den Kopf zur Gasse und den Körper waagrecht nach hinten. Entsetzt schritt ich mitten durch diese schreckliche Allee und merkte, daß sie alle lebendig waren, denn unzählige Augen folgten mir mit stummer Neugierde. Mitten in einem der Haufen bemerkte ich plötzlich einen normal aussehenden Kopf; es war derjenige eines weißhäutigen Mannes. Er besaß alle menschlichen Merkmale wie Mund und Nase, aber auch sein Schädel war kahl. Ich trat zu ihm, und sogleich sprach er mich an: „Willkommen. Der Anfang wird dir schwer fallen, aber du wirst dich an diesen Aufenthalt gewöhnen müssen. Geh jetzt den Weg entlang, du wirst erwartet!"
Was meinte er damit, ich solle mich daran gewöhnen? Ein schrecklicher Verdacht stieg in mir auf; ich hätte noch unzählige Fragen an ihn zu richten gehabt, doch ich brachte keinen Laut hervor. Seine Worte machten mich betroffen, und erst nach einiger Zeit gelang es mir endlich, noch einmal das Wort an ihn zu richten. Ich fragte ihn, ob er der einzige normale Mensch hier sei, worauf er antwortete, es gäbe noch drei andere außer ihm, die sich aber an verschiedenen Orten in anderen Stapeln befänden. Ich wollte wissen, wieso sie nicht in unmittelbarer Nähe voneinander weilten, so daß sie die Möglichkeit hätten, sich zu unterhalten. Da antwortete er: „Hier gibt es nichts mehr zu sagen; geh jetzt, man wartet auf dich!" Ich ging zwischen diesen grauenein-flössenden Stapeln hindurch und spürte unzählige Blicke auf mich gerichtet. Dann kam ich an eine Bie-

gung, wo der Weg leicht nach unten führte und etwas weiter vorne in einer Sackgasse endete. Unten stand eine Holzhütte mit einer Tür und einem Fenster. Mitten im Weg, direkt vor der Türe, stand ein kleiner Holzschemel, auf den ging ich zu und setzte mich darauf.
Hinter der Holzhütte schloß sich die makabre Wand aus unzähligen Köpfen zu einem Halbkreis, so daß die kleine Hütte vollständig von Köpfen umgeben war. Ich fühlte mich von allen Seiten beobachtet. Da trat eine große männliche Gestalt aus der Türe und kam auf mich zu. Der Mann sah ähnlich aus wie die Gestalt zuvor im Stapel, die mir den Weg hierher gewiesen hatte. Er war ebenfalls kahl geschoren und von großer Statur, trug aber Hemd und Hose. Er legte mir die Hand auf die Schulter und sagte: „Du weißt, daß du hier bleiben mußt. Ich will dich vorerst mit der Umgebung vertraut machen und dir deinen Platz zeigen, den du bald einnehmen wirst. Dann werden wir hierher zurückkommen, und ich werde die nötigen Vorkehrungen treffen, um dich einzugliedern."
Er nahm mich beim Arm und führte mich ein Stück des Wegs zurück, den ich soeben gekommen war. Wir bogen in einen schmalen Seitenweg ein, den ich vorhin übersehen hatte. Auch dieser endete in einer Sackgasse. Es war ein unglaublicher Anblick! Wo kamen wohl alle diese Wesen her, und wie lange waren sie schon hier? Nie hatte ich etwas auch nur annähernd Ähnliches erlebt. Wieder kamen wir an einem kahlgeschorenen, normalen Kopf vorbei. Auch er grüßte mich kurz. Es war schon erstaunlich und nicht zu über-

sehen, wie sich die wenigen normalen Köpfe in den Stapeln von den anderen seltsamen Wesen unterschieden. Ohne anzuhalten schritten wir an ihm vorbei, dem Ende der Sackgasse zu. Dort sah ich den letzten normal aussehenden Kopf, der hier eingereiht war. Schon beim Gedanken, bald selber zwischen diesen fremdartigen Wesen eingeordnet zu werden, befiel mich grenzenlose Furcht. Am Ende der Gasse angelangt, machte mich mein Begleiter auf eine Lücke in einem Stapel aufmerksam und mit den Worten: „Dies ist dein Platz; zu Beginn lasse ich dich in der Nähe der anderen, bis du dich an die neue Umgebung gewöhnt hast", machten wir uns auf den Rückweg zur Hütte. Ich wagte ihn zu fragen, ob es keine Möglichkeit gebe, mit ihm zu bleiben und nicht an diesem gräßlichen Ort eingeordnet zu werden. Er antwortete, dies sei leider unmöglich, denn er sei der einzige, der für diese Aufgabe bestimmt sei. Bei der Hütte angekommen, wies er mir den Platz auf dem Schemel zu und mit den Worten, er käme gleich zurück, verschwand er in der Hütte. Fassungslos und entmutigt saß ich da. Wo war ich da hingeraten? Von hier, das war mir bewußt, gab es keine Möglichkeit, zu entfliehen. Und doch konnte ich mich nicht mit dem Gedanken abfinden, daß mein endgültiger Platz in einem dieser Stapel sein sollte. Aus tiefster Seele wünschte ich mir, und dieser Wunsch wurde sehr bestimmt, von hier versetzt zu werden. Das Letzte, was ich von diesem Ort noch wahrnahm, war der aus der Hütte heraustretende Mann, und im gleichen Augenblick ging mein Wunsch in Erfüllung.

Von der Anhöhe aus, auf der ich jetzt stand, bot sich mir ein eigenartiges Bild. Weit unter mir lag ein tiefes Tal. Im bizarren, neonartigen Licht, das eine mystisch-düstere Stimmung verbreitete, konnte man die eigentümlichen Bäume und Büsche auf der anderen Talseite nur als schwarze Silhouetten erkennen. Die Anhöhe selbst war mit ölig-dunkelgrünem Gras bewachsen. Alles machte einen höchst befremdlichen Eindruck. Und als ich meinen Blick dem Talgrund zuwandte, sah ich in dessen Mitte auf einem sich in unendliche Weiten hinziehenden Weg eine lange Kolonne eigenartiger Wesen. Sie bewegten sich in regelmäßigen Abständen voneinander durch das Tal. Die Kolonne war so lang, daß ich weder Anfang noch Ende unterscheiden konnte. Beim näheren Zusehen entpuppten sich die Wesen genau als dieselben, denen ich kurz zuvor in den abscheulichen Stapeln begegnet war. Sie hatten dieselben kahlen Schädel mit den langen Schnäbeln, und da ihre Leiber sichtbar waren, stellte ich nun fest, daß sie menschenähnlich aussahen. Alle waren genau gleich groß und gleich bekleidet. Die Kleidung bestand aus einem Stück Tuch, das ebenfalls ihre Füße einhüllte. Ein eigenartiger Anblick! Vorsichtig stieg ich den steilen Hang hinunter, um diesen merkwürdigen Wesen zu folgen, in der Hoffnung, mit ihnen zusammen einen Ort zu erreichen, wo ich möglicherweise Menschen antreffen würde, mit denen ich sprechen könnte. Ich wollte mich bei ihnen erkundigen, wo ich mich hier befände; denn eigentlich war ich schon lange davon überzeugt, daß ich mich in einer anderen, mir unbekannten

Dimension befand. Als ich bei der Kolonne angelangt war, sah ich, daß sich die Wesen nicht wie erwartet gehend, sondern hüpfend fortbewegten. Der Abstand zwischen ihnen war von erstaunlicher Gleichmäßigkeit. Sie hüpften knapp über dem Boden, und jeder ihrer Sprünge war genau gleich hoch und gleich weit. Die Kolonne bewegte sich in vollkommener Stille und in einer schnurgeraden Linie durch das Tal. Ich versuchte, mich in ihre Reihe einzugliedern, doch der Versuch mißlang; kaum hatte ich mich zwischen zwei dieser Wesen gedrängt, schleuderte mich eine gewaltige Kraft seitwärts weit den Hang hinauf. Ich wußte überhaupt nicht, ob sie mich bemerkt hatten oder nicht, denn ich konnte keinerlei Regung in ihrer Reihe feststellen. Weit oben am Hang ließ die Kraft nach, und ich schwebte mit großer Geschwindigkeit zurück, den Hang hinunter in die Reihe, genau an die Stelle, wo ich weggeschleudert worden war. Doch ich blieb nur für sehr kurze Zeit, denn sogleich stieß mich die Kraft wieder aus der Reihe, diesmal aber den gegenüberliegenden Hang hinauf. Der letzte Eindruck von dieser Gegend war die unendliche Kolonne seltsamer Wesen, die sich im bizarren Licht fortbewegte.
Diesmal hatte mich die Kraft nicht zurück in die Reihe getrieben, sondern an einen ganz anderen Ort. Ich stand nun in heller, freundlicher Umgebung auf einem Weg. Er führte weiter unten zu mehreren Häusern. Froh und erleichtert, diesem mysteriösen Tal entronnen zu sein, beeilte ich mich, zu den Häusern zu gelangen. Zwischen ihnen hindurch führte ein Weg, der auf

einen großen Platz mündete. Alle Häuser hier hatten Fenster und Türen, und der Anblick gab mir ein behagliches Gefühl. Ein Haus am Ende des Platzes war viel größer als die anderen. Auf dem Platz standen Leute herum, einige nickten mir freundlich zu, und andere schauten mich neugierig und verwundert an. Aus mehreren Seitensträßchen, die alle auf den Platz mündeten, strömten jetzt unzählige Menschen. Ein junger Mann trat auf mich zu, begrüßte mich freundlich und wies mir mit den Worten: „Geh hinein, man erwartet dich" den Weg zum großen Haus. Ich schritt auf die hohe Holztüre des Hauses zu, in Gedanken, wer mich dort wohl erwarten würde. Ob es eine mir bekannte Person war? In dem Augenblick, da ich die schwere Holztüre aufstoßen wollte, wurde ich von einer unbekannten Kraft langsam die Hauswand emporgehoben, bis zum Dachbalken, an dessen Seite ich zum Stillstand kam. Eine starke Energie hielt mich dort senkrecht am Dach fest. Direkt neben mir war eine große hölzerne Plattform waagrecht in den schrägen Dachbalken eingelassen. Nach außen war sie mit einem schwarzen Tuch abgeschlossen, so daß es mir verwehrt blieb, auf den Platz hinunterzusehen. Auf diesem Podium erschienen plötzlich mit unglaublicher Geschwindigkeit mehrere Gegenstände und verschwanden sogleich wieder. Es war mir kaum möglich, sie richtig zu sehen und zu erfassen. Zuletzt erschien ein großes Glas Bier, das länger blieb als alle anderen Gegenstände. Der Anblick weckte in mir den Wunsch, danach zu greifen und daraus zu trinken. Doch kaum war der Gedanke gedacht, war das

Glas wie alle anderen Objekte verschwunden. Plötzlich erschienen alle Gegenstände gleichzeitig und schwebten über der Plattform und rings um mich herum. So wie sie gleichzeitig erschienen waren, verschwanden sie auch wieder alle zusammen. Der Vorgang erinnerte mich an das, was ich in der Höhe erlebt und an das Ritual, das ich möglicherweise gestört hatte. War es möglich, daß das Geschehen im riesigen Höhlenraum erst jetzt zum Abschluß kam und ich hier noch das Ende davon erlebte? Unerwartet war der Spuk zu Ende, der schwarze Vorhang verschwand, und einzig das hölzerene Podium blieb zurück, in dessen Mitte ein Tisch und ein Stuhl sichtbar wurden. Der Tisch war mit einem weißen Tuch bedeckt, und darauf standen ein großes Glas Bier und eine Schachtel Zigarren.
Immer noch klebte ich am Dachbalken, doch spürte ich, wie die Kraft, die mich festhielt, langsam nachließ, und schließlich schwebte ich langsam dem Dachbalken entlang hinunter über das Dach hinweg, weit über den Platz, auf dem immer noch sehr viele Menschen standen. In einer kleinen Seitenstraße wurde ich sanft abgestellt. Von einer inneren Stimme geleitet ging ich den Weg hinauf und stand bald darauf in einem Tunneleingang. Ohne Bedenken betrat ich den Tunnel, der von einem warmen Licht, dessen Quelle mir verborgen blieb, überflutet wurde. Ein Gefühl von Geborgenheit und Zuversicht erfüllte mich. Trotzdem war ich froh, endlich den Tunnelausgang zu erreichen und ins Freie zu treten. Es blieb mir nichts anderes übrig, als dem Weg, der jetzt leicht abwärts führte, zu folgen, denn

beidseits des Wegs war die Umgebung dicht von struppigen Büschen bewachsen. Weiter vorne erblickte ich am Wegrand liegend einen dunklen Gegenstand. Als ich davorstand, erkannte ich einen Gitarrekasten, doch ein Blick genügte, um zu sehen, daß es nicht der meine war. Eine innere Stimme gab mir zu verstehen, daß ich den Weg fortsetzen solle, und alle Gegenstände, die ich am Wegrand finden würde, gehörten mir, es befänden sich auch einige persönliche Effekten darunter. Bevor ich weiterschritt, warf ich einen letzten Blick auf den Gitarrekasten; er sah wirklich ganz anders aus als ein gewöhnlicher, war viel zu schmal und zu lang. Ich faßte den Entschluß weiterzugehen und zu sehen, was da noch alles herumliege. Ich gedachte, nur das Wichtigste davon auf dem Rückweg durch den Tunnel in den kleinen Ort mitzunehmen. Noch viele Gegenstände lagen verstreut am Wegrand, darunter immer wieder Gitarrekästen in ungewöhnlichen Formen und Größen.
Als ich um eine Kurve bog und einen Hang hinauf ging, standen plötzlich zwei der schwarzen unheimlichen Gestalten, die mit roten Lendentüchern bekleidet waren, vor mir. Mit blutunterlaufenen Augen starrten sie mich drohend an. Ich fiel in einen schockartigen Zustand, denn die Kerle hätte ich zuletzt hier erwartet. Wo kamen sie wohl her? Irgendwie mußten sie mir bis hieher gefolgt sein! Einen der beiden erkannte ich, es war jener, der mir den Weg vor dem grauenhaften Kerker versperrt hatte. Ich sah, daß ich nichts zerstört hatte, als ich mit dem kleinen Finger in seinen Bauchnabel griff, denn an Stelle seines Nabels befand sich wieder das

große Auge, das mich kalt anstarrte. Breit, die Hände in die Hüften gestützt, standen sie vor mir. Ich hoffte, sie würden mir nicht wieder einen Weg freigeben, um mich so hinterlistig an einen noch schrecklicheren Ort zu locken. Da erhob der eine seinen rechten Arm und wies mich dem Weg zurück, den ich soeben gekommen war. Das letzte, was ich von ihnen sah, wie aus einer kleinen Öffnung an der Stelle des Auges am Nabel Wasser herausquoll. Dann drehten sie sich schnell um, gingen einige Schritte den Weg zurück und lösten sich in Nichts auf. Verblüfft stand ich da; es war mir schlicht unbegreiflich, wie sie von einem Schritt zum andern einfach im Nichts verschwinden konnten.
Schleunigst machte ich mich jetzt auf den Rückweg. Die Umgebung war ganz verändert, wo vorher Büsche gestanden hatten, wuchs jetzt nur noch wildes Gras. Da entdeckte ich weiter vorne am Wegrand einen schwarzen Gegenstand. Ich konnte es kaum fassen: es waren mein eigener Gitarrenkasten und meine Gitarre! Direkt hinter dem Koffer lag ein weiblicher Körper leblos am Boden; er sah ausgetrocknet und eingeschrumpft aus. Als ich mich ihm näherte, sah ich, daß es dasselbe mir unbekannte und doch schon vertraute Mädchen war, das mich hie und da begleitet hatte. Was war mit ihr geschehen? Betroffen, es in diesem Zustand aufzufinden, fragte ich mich, wie ich beide, die Gitarre und das Mädchen, durch den Tunnel zurück ins Dorf bringen könnte, denn hier wollte ich sie nicht liegen lassen. Schließlich entschloß ich mich, allein den Weg zurückzugehen und Hilfe zu holen. Nach einer kleinen Weile

stand ein hölzerner Unterstand seitlich am Weg. Wie konnte ich ihn vorher übersehen haben? Als ich in die Hütte trat, erschrak ich schon wieder: vor mir in der Mitte des Raumes lagen das Mädchen und die Gitarre am Boden. Der Holzschuppen bestand aus drei Wänden und vorne, wo ich eingetreten war, war er offen. Als ich mich umsah, bemerkte ich an den drei Wänden hoch aufgestapelt Verstärkeranlagen und Lautsprecherboxen. Ich kam aus dem Staunen nicht mehr heraus: alles war brandneu. Vor allem blieb es mir ein Rätsel, daß das Mädchen und die Gitarre, die ich kurz zuvor am Wegrand zurückgelassen hatte, nun plötzlich in dieser Hütte lagen. Ich überlegte, wie ich alle diese Anlagen ins Dorf schaffen konnte. Unerwartet öffnete sich die Rückwand der Hütte, und dahinter erschienen vier der mysteriösen dunklen Männer und führten mir einige ihrer erstaunlichen Fähigkeiten vor. Eine davon war, daß sie sich unsichtbar machen und kurz darauf an derselben Stelle wieder erscheinen konnten. Sie übertrugen den Gedanken auf mich, daß ich sie nun zum letzten Mal sehe. Dann war plötzlich alles verschwunden, die Gestalten, die Hütte und die Anlagen.
Zurück blieben einzig der leblose Körper des Mädchens und mein Gitarrenkoffer. Für einen kurzen Augenblick war ich über das Verschwinden des kostbaren Materials enttäuscht. Doch dann machte ich mich schnell auf den Weg und erreichte endlich wieder den Tunnel. Diesmal erschien er mir unermeßlich lang, und obwohl ich mit Sicherheit nirgends an einer Verzweigung vorbeigekommen war, befand ich mich beim Ausgang an einem

ganz anderen Ort als an dem, den ich hier verlassen hatte. Zu meiner Überraschung stand kurz danach das Mädchen neben mir. Es war einfach unbegreiflich: noch vor kurzer Zeit lag es leblos und eingeschrumpft, klein wie eine Puppe, in der Holzhütte, und jetzt stand es unversehrt neben mir, als ob nichts geschehen wäre. Stumm nahm es mich bei der Hand und führte mich zu einem großen Steinhaus. Über eine lange Treppe gelangten wir zum Eingang, und durch einen langen dunklen Flur brachte es mich in ein kleines Zimmer, in dessen Mitte ein großes Bett stand. Das Mädchen legte mich darauf, deckte mich zu und verließ den Raum sofort wieder. Als einziges Requisit war an der gegenüberliegenden Wand ein Waschbecken mit einem darüber befestigten Wasserhahn angebracht. Ich wollte mich erheben und zum Wasserhahn gehen, doch zu meinem Schrecken konnte ich keine Bewegung tun. Von Durst gequält, versuchte ich es immer wieder und konnte nicht verstehen, daß es nicht ging, denn soeben war ich doch noch die lange Steintreppe hinaufgestiegen und durch den Korridor in dieses Zimmer gekommen. Und jetzt war ich plötzlich unfähig, mich zu rühren.

Lange Zeit verstrich, unzählige Gedanken gingen mir durch den Kopf. Wo blieb bloß das Mädchen? Unversehens standen vor mir auf der Bettdecke viele kleine Gläser über die ganze Bettdecke verteilt, alle mit roter Flüssigkeit gefüllt. Mit großer Anstrengung versuchte ich, eines davon zu ergreifen. Ich war erstaunt, daß ich meinen Arm, wenn auch mit unkontrollierter Bewegung, überhaupt bewegen konnte. Im selben Moment, da meine Hand vor dem Glas war, verschwanden sie alle gleichzeitig. Kurz darauf erschienen doppelt so viele, ebenfalls gefüllte, aber verschlossene Flaschen. Bald verschwanden auch sie und wurden durch immer größere Gegenstände ersetzt. Jedesmal, wenn ich knapp daran war, einen Gegenstand zu ergreifen, war alles wieder weg. Das Geschehen verteilte sich jetzt auf den ganzen Raum. Da stand plötzlich am Fußende des Bettes ein großer alter Panzerschrank. Blitzartig durchfuhr es mich, wie es wohl möglich sei, daß dieser schwere Kasten mir nicht die Beine erdrücke. Da stand er schon unmittelbar vor meinem Gesicht, was mir große Angst einjagte. Was, wenn er noch näher rückte? Doch unerwartet war der ganze Spuk vorbei.

Langsam ließ die Starre nach, und ich erhielt meine alte Bewegungsfreiheit zurück. Ich erhob mich und verließ den Raum. Vorsichtig tastete ich mich den dunklen Gang zurück, trat aus dem Haus, stieg die lange Steintreppe hinunter und stand auf einem Weg. Es gab keine andere Möglichkeit, den Ort zu verlassen, als ihm zu folgen. So gelangte ich auf einen großen Platz. Hier herrschte reges Treiben, Leute eilten unaufhaltsam in alle Richtungen, aber niemand beachtete mich. Da wurde mir bewußt, daß ich über dem Boden dahinschwebte. Mit unkontrollierten Bewegungen näherte ich mich einem Seitenweg, der eine große Anziehungskraft auf mich ausübte. Die schmale Gasse führte mich auf einen langen und noch größeren Platz. Schlagartig hatte sich die Atmosphäre verändert. Im düsteren Licht sah ich unzählige Stangen von demselben Aussehen wie diejenigen im Verlies. Zuoberst an den Stangen hingen gleiche Wesen mit nackten Schädeln und großen Schnäbeln, wobei je vier seitwärts an den großen Metallhaken eingehakt waren. Auch ihre Körperhaltung war dieselbe, sie hatten die Beine angezogen und die Arme verschränkt. So weit mein Auge reichte, waren solche Stangen sichtbar. Die Furcht, der ganze Horror von früher könne sich wiederholen, versetzte mich in Panik. Wehrlos sog es mich zwischen den grauenhaft behangenen Stangen hindurch, als mir aus der entgegengesetzten Richtung ein normal aussehendes männliches Wesen entgegenkam und mir warnend zurief: „Du mußt so rasch wie möglich weg von hier!" Es blieb mir gar keine Zeit, ihm eine Frage zu stellen, denn sogleich verwandelte er sich in eines dieser Wesen, die oben an den Haken hingen. Langsam zog es ihn in die Höhe, und ich sah, wie er einen Platz an einem der Haken einnahm. Dieser Vorgang raubte mir fast den Verstand. Jetzt wußte ich nur noch: ich mußte so schnell wie möglich von hier fliehen. In panischer Angst gelang es mir, den Ort zu verlassen. Doch der Platz war viel größer, als ich angenommen hatte. Immer wieder begegnete ich auf meiner Flucht solchen Metamorphosen wie vorhin. Der Gedanke, mir könnte dasselbe widerfahren, weckte ungeahnte Kräfte in mir. Und doch war ich schon im Begriff, die Hoffnung aufzugeben, als ich völlig unverhofft in eine ganz andere Gegend geriet.

Mir schien, ich hätte einen endlos langen Weg zurückgelegt, als ich auf einem Hügel ankam. In der Dämmerung sah ich tiefer unter mir unzählige, etwa vier Meter

hohe trichterförmige Behälter stehen, die einer Wabe gleich zusammengefügt waren. Der obere Durchmesser mochte an die zwei Meter betragen. Alle waren mit massiven Stahldeckeln fest verschlossen, bis auf einen. Ich schwebte langsam den Hang hinunter auf diese eigenartige Metallwabe zu. Als ich direkt davor stand, war das Ganze noch viel größer und eindrücklicher, als es von oben ausgesehen hatte. Ich schwebte an einem der grauen Trichter hoch und stand nun auf einem sehr schmalen Pfad, der sich oben zwischen den geschlossenen Decklen ringsum über die ganze Weite hinschlängelte. Da entdeckte ich mitten unter all diesen verschlossenen Behältern einen Deckel, der in der Mitte mit einer breiten Öffnung versehen war, aus der bis zu den Schultern ein männlicher Kopf herausragte. Ich näherte mich ihm und sah, daß seine Haare kurzgeschoren waren. Ruhig schaute er mich an und nickte mir zu. Ich fragte ihn, wo ich mich hier befinde und ob er mir helfen könne, von hier wegzukommen. Seine Antwort lautete, ich müsse hierbleiben, für mich stehe weiter vorne ein Behälter bereit, und er wies mir den Weg dorthin. Es war meine Absicht, mich zunächst aus seiner Sichtweite zu entfernen und dann so schnell wie möglich zu fliehen. Doch wurde ich durch eine unsichtbare Kraft unaufhaltsam an einen bestimmten Ort gelenkt. Dann kam ich an den Rand der Wabe, wo eine lange Reihe Behälter den Abschluß bildete.
Vor mir lagen gähnender Abgrund und Finsternis. Langsam schwebte ich ein Stück weit in die Tiefe und kam vor einer Reihe kleinerer, waagrechter Trichter,

die unten in die Seite der Wabe eingefügt waren, zum Stillstand. Durch die Dunkelheit schwebte ich der langen Reihe entlang. Ein kalter Schimmer ging von den Trichtern aus, so daß ich deutlich die Reihe überblicken konnte. Unerwartet befand ich mich vor einem leeren, offenen Trichter. Ich vernahm eine Stimme. Aufmerksam versuchte ich herauszufinden, aus welcher Richtung sie kam. Unwillkürlich ging ich auf einen Behälter zu, der nicht ganz geschlossen war. Aus dem kleinen Spalt in der Mitte des Deckels drang eine Stimme zu mir. Erst verstand ich nicht, was sie zu mir sagte, doch als ich nahe genug an der Öffnung war, vernahm ich deutlich die Frage: „Bist du soeben angekommen?“ Ich bejahte und fragte, ob es eine Möglichkeit gebe, ihn aus seiner verzweifelten Lage zu befreien. Die Antwort lautete, von hier gebe es kein Entrinnen mehr, denn schon in Kürze werde sich auch sein Deckel schließen. Ich fühlte, wie es mich zurückzog zu dem leeren Trichter, an dem ich soeben vorbeigeschwebt war, und sogleich wurde ich in ihn hineingesogen. Der Deckel begann sich sofort zu schließen, was ich mit größter Anstrengung zu verhindern suchte. Doch dieselbe Kraft, die mich hier hineingesogen hatte, hielt mich auch darin fest. Waagrecht, mit dem Kopf dem Deckel zugewandt, lag ich in diesem kleinen Innenraum auf dem Bauch und merkte, wie sich der Deckel langsam, aber unaufhaltsam bis auf einen kleinen Spalt schloß. Der Gedanke, daß er sich bald ganz schließen würde, verlieh mir ungeahnte Kräfte. Wenn es hier einen Ausweg gab, so würde ich ihn finden, das wußte ich. Die Kraft, die

mich gefangen hielt, ließ etwas nach, und ich gewann einen Teil meiner Bewegungsfreiheit zurück. Sofort machte ich mich daran, mit beiden Händen die Öffnung zu vergrößern und hochzustemmen, doch alle meine verzweifelten Versuche blieben erfolglos.
Der massive Deckel gab keinen Millimeter nach, und ich mußte einsehen, daß ich hier gefangen war. Nach langen erfolglosen Versuchen ließ meine Kraft nach; enttäuscht mußte ich ausruhen. Der kalte Innenraum war hell genug, daß ich mir meine neue Umgebung genau ansehen konnte. Er bot knapp soviel Platz, daß ich mich mit großer Mühe darin umdrehen konnte. Langsam und systematisch tastete ich den Raum immer wieder ab. Plötzlich erschreckte mich ein metallenes Klikken; zu meiner Überraschung war der Deckel aufgeschnappt. Unverzüglich zwängte ich mich durch die Öffnung hinaus in die Finsternis. Der erste Gedanke war, mich sofort zu dem Behälter hinzubegeben, woraus ich die Stimme gehört hatte. Schleunigst wollte ich dem Gefangenen erklären, was er tun müsse, damit der Deckel aufschnappen und ihn in die Freiheit entlassen würde. Doch dort angekommen, mußte ich zu meiner Enttäuschung feststellen, daß sich sein Deckel bereits vollends geschlossen hatte. Ich war traurig, daß ich zu spät gekommen war und ihm nicht mehr helfen konnte.

Langsam zog es mich von dieser eigenartigen Wabe in die Finsternis hinaus, und sogleich war ich von vollkommener Dunkelheit umgeben. Jedesmal, wenn ich den Punkt in der absoluten Finsternis erreicht hatte und von einem Ort zum andern versetzt wurde, befand ich mich in einem Zustand der Leere, die mit Worten nicht zu beschreiben ist. Das Nächste, was mir bewußt wurde, war Helligkeit und daß ich nun in einer unendlich weiten Wüste stand. Immer noch war die beherrschende Leere in mir, und es verstrich eine lange Zeitspanne, bevor ich die öde Gegend voll wahrnehmen und erfassen konnte. Entsetzt schaute ich mich um; so weit das Auge reichte, war nichts als Sand zu sehen, es gab keinen Anhaltspunkt, wohin ich mich hätte wenden können.

Aufs Geratewohl machte ich mich schließlich auf den Weg, mir blieb ja nichts anderes übrig. Es war eigenartig: Obwohl ich mich in einer Wüste befand, empfand ich keine Hitze. Mühsam bewegte ich mich vorwärts mit dem einzigen, aber um so stärkeren Wunsch, schweben zu können, um mich schneller fortbewegen zu können. Doch dieser Wunsch blieb unerfüllt. Nach langem glaubte ich, in der Ferne einen grünen Punkt zu sehen. Endlich hatte ich ein Ziel vor Augen, auf das ich schnurgerade zusteuerte. Nach langer Wanderung nahm der grüne Fleck langsam Form an; es war eine lange Hügelkette, die sich bis weit in die Ferne hinzog. Meine Ungeduld, sie zu erreichen, trieb mich schneller voran. Endlich stand ich am Fuß der Hügelkette, und durch grüne Wiesen und an Büschen vorbei schritt ich den Hang hinauf, froh, die kahle Öde hinter mir gelassen zu haben.

Oben gelangte ich auf einen schmalen Pfad, der auf der anderen Seite durch Wiesen hinunter in ein enges Tal führte. Auf einer Seite des Tales dehnte sich eine steile, endlos wirkende Geröllhalde aus, die andere Seite war mit kleinen Büschen und grünem Gras überwachsen. Ein kaltes Licht durchbrach die Dämmerung und hüllte die Gegend in eine eigenartige Stimmung. Nach langer Wanderung setzte ich mich erschöpft am Wegrand ins Gras neider, den Blick zur anderen Seite auf die Geröllhalde gerichtet. Deprimiert von der Ungewißheit wurde ich trübe Gedanken nicht mehr los. Wie lange war ich schon gewandert? Endlos. Und nirgends zeichnete sich ein Ende ab. Im Gegenteil, je länger je weniger wußte ich, wo ich mich überhaupt befand, und meine Umgebung war so trostlos wie mein Inneres. Kalt und unbewohnt sah sie aus. Tief in Gedanken versunken blieb mein Blick an der gegenüberliegenden Geröllhalde hängen, als ich plötzlich etwas Braunes sah, das blitzartig an der Halde entlang flitzte. Augenblicklich war meine Erschöpfung verschwunden. Aus verschiedenen Richtungen stoben fremdartige Wesen, die weder Mensch noch Tier waren, der Geröllhalde entlang. Die Geschmeidigkeit, mit der sich diese androidenähnlichen Wesen fortbewegten, entzückte mich. Alle diese seltsamen Geschöpfe sahen in jeder Hinsicht erstaunlich gleich aus: alle waren geschlechtslos und trugen weder menschliche noch tierische Merkmale. Sie hatten weder Finger noch Zehen, und doch waren ihre Körper in der ihnen eigenen Art voll ausgebildet. Die Haut strahlte einen seidenen bräunlichen Glanz aus und überzog gleichmäßig ihre ganzen Körper, es war weder menschliche Haut noch tierisches Fell. Die Köpfe wa-

ren braune eiförmige Klumpen, die ebenfalls ganz von dieser seidenen Haut überzogen waren und weder Nase noch Mund aufwiesen. Da sie auch keine Augen hatten, mußten sie sich bei der Fortbewegung auf ihren Instinkt verlassen. Noch nie hatte ich etwas so Bewegliches und Elegantes gesehen; sie besaßen eine geradezu unwahrscheinliche Leichtigkeit und Koordination der Bewegungen. Je länger ich sie beobachtete, desto deutlicher fielen mir ihre besonderen Merkmale auf. Ihre Körpergröße schätzte ich auf rund einen Meter zwanzig. Ich sah ihnen lange zu, wie sie aufrecht und flink über das Gestein rannten, ihre Arme baumelten locker an ihren Körpern hinunter. Bald stoben nur noch vereinzelte über das Geröll. Dieser faszinierende Anblick hatte mich meine Ungewißheit und die trostlose Umgebung völlig vergessen lassen, und nur mit Mühe gelang es mir, meinen Blick von diesem Treiben zu lösen. Mit gemischten Gefühlen erhob ich mich. Zurück wollte ich nicht, denn hinter mir lag die Wüste. Es blieb mir nichts anderes übrig, als diesen endlos anmutenden Weg weiterzugehen. Bald war die Vegetation ganz zu Ende, und auch auf meiner Seite begann sich eine steile Geröllhalde auszudehnen. Der steinige Weg war lang und ermüdend und stieg jetzt steil an.
Weiter oben sah ich, wie der Weg in einen Höhleneingang führte. Bald stand ich am Eingang zu der Höhle. Ein tunnelartiger Felsengang, worin ich knapp stehen konnte, führte nach unten ins Innere des Berges. Im düsteren Licht ging ich vorsichtig den Gang entlang nach unten und gelangte an dessen Ende in einen klei-

nen Raum, der das Ende des Weges bildete. Ich erschrak, als ich im sanften Licht dieses Raumes vier menschliche Gestalten an der gegenüberliegenden wand am Boden sitzen sah. Ihre blasse, glasige Haut war mit ganz verschiedenfarbigen Verzierungen bemalt, die Körper waren nackt und geschlechtslos. In aufrechter Haltung saßen sie mit dem Rücken zur Wand, die Beine ausgestreckt, völlig reglos da. Für einen Augenblick dachte ich, sie seien tot, doch die merkwürdig mystische Ausstrahlung, die von ihnen ausging, überzeugte mich davon, daß diese Wesen lebten. Ihre übernatürliche Ruhe war überwältigend. Da dieser Raum das Ende des Weges bildete und ich mit Bestimmtheit wußte, daß ich nicht hierher gehörte, drehte ich mich um und machte mich auf den Rückweg, den Tunnel hinauf. Weiter oben bemerkte ich einen schmalen Seitengang, der in einen kleinen Höhlenraum führte, in dessen Mitte ein großer flacher Stein lag. Eine große Müdigkeit überfiel mich, und ich beschloß, mich auf dem Stein auszuruhen. Ich setzte mich nieder und schaute die Umgebung an. Mit Schrecken mußte ich feststellen, daß der Eingang, durch den ich soeben eingetreten war, nicht mehr existierte, an seiner Stelle war nur massiver Stein. Panische Platzangst ergriff mich. Entmutigt saß ich da und suchte nach einem Ausweg. Unerwartet sah ich einen matten Lichtschimmer durch ein kleines Loch dringen, das sich auf der anderen Seite der Höhle, unmittelbar über dem Boden, befand. Auf allen vieren kroch ich zu der Stelle hin und tastete die Öffnung sorgfältig ab. Sie war sehr klein,

mein Finger hatte gerade Platz darin. Durch das Abtasten vergrößerte sich das Loch, so daß bald meine Hand darin Platz hatte. Der Erfolg spornte mich an, und so gelang es mir, das Loch so weit zu vergrößern, daß ich schließlich hindurchkriechen konnte.
In einer eigenartigen Helle lag ein totes Tal vor mir, ganz aus dunkelbraunem Lehm, eine Landschaft ohne jegliche Vegetation. Der Anblick dieser Umgebung, in die ich da geraten war, enttäuschte mich. Als ich in der kleinen Höhle saß und mich daran machte, das Loch zu vergrößern, hatte ich mir meine zukünftige Umgebung ganz anders vorgestellt. Beidseits des Wegs, der durch das Lehmtal führte, stiegen Hügel sanft hinan und liefen zuoberst in senkrechte Lehmwände aus. Vom Weg aus führten in regelmäßigen Abständen kleine, schmale Pfade über die Anhöhen zu den steilen Wänden hinauf. In den Wänden hatte es türartige Öffnungen und direkt daneben je eine kleine Fensteröffnung. Die schmalen Wege, die vom Hauptweg hinaufführten, endeten alle in einer solchen Türöffnung. Da es weder Wasser noch irgendeine Vegetation gab, konnte ich mir nicht vorstellen, daß diese Höhlen bewohnt waren. Nicht einmal Steine lagen herum, nichts als lehmige braune Öde. Der Durst trieb mich dennoch einen dieser Pfade entlang zu einer Höhlenöffnung; ich hoffte, etwas Trinkbares zu finden. Oben angelangt, stellte ich fest, daß hinter dieser Öffnung undurchdringliche Nacht herrschte, die mich auf der Stelle zum Umkehren veranlaßte. Auch wenn sich hier etwas Trinkbares befinden würde, hatte ich nicht das geringste Verlangen,

danach zu suchen. Überzeugt davon, daß ich hier ohnehin keine Flüssigkeit finden würde, ging ich den Pfad hinunter und folgte dem breiteren Weg durch das Tal. Es war länger, als ich erwartet hatte. Langsam veränderte sich die Gegend, jetzt lagen vereinzelt Steine umher. Bald hatte ich das Lehmtal hinter mir.
Ich fühlte mich in melancholischer Stimmung. Das Lehmtal hatte diesen Eindruck hinterlassen und tief in mir verankert. Doch plötzlich durchbrach eine mysteriöse Kraft meinen Gemütszustand und führte mich sicher einen steilen Fels hinauf. Im Zwielicht lief der Pfad über einen steilen Grat auf eine mächtige Felsnase zu, die weit in die Finsternis hinausragte. Als ich zuvorderst auf dem imposanten Felsvorsprung stand, sah ich, daß vor mir undruchdringliche Finsternis lag. Diese Leere und Stille beeinflußten augenblicklich meine Stimmung. Dabei hatte ich weder Angst noch sonst unangenehme Gefühle. Plötzlich wurde ich von einer unwahrscheinlichen Leichtigkeit erfaßt. Eine innere Wärme bewog mich ohne jeden bewußten Befehl, mich zuvorderst auf der Felsnase hinzulegen. Auf dem Rücken liegend, die Augen nach oben gerichtet, empfand ich im Innern des Kopfes eine Helligkeit, die durch meine Augen strahlte und mir erlaubte, die undurchdringliche Finsternis rings um mich voll wahrzunehmen. Absolute Zufriedenheit und innere Ruhe durchströmten mich. Deutlich spürte ich eine gewaltige Veränderung, einen vollkommenen Wechsel meines Zustands. Ich fühlte, wie ich mich langsam von meinem Körper löste und nach oben schwebte. Aus einiger Höhe sah ich meine

leblose Hülle auf der Felsnase unter mir liegen und gewahrte, daß ich nur noch durch einen Silberfaden mit ihr verbunden war. Dieser Zustand verwirrte mich, und ich fühlte den tiefen Wunsch, mich wieder mit meinem Körper zu vereinigen. Doch statt dessen zwang mich eine sanfte Gewalt in die Finsternis, in die Leere ohne Raum und Zeit hinaus. Draußen im Nichts sah ich in der Ferne, weit hinter mir, meine leblose Hülle auf der Felsnase liegen. Da stieg in mir die Erkenntnis hoch, daß ich selber der silberne Faden sei, und damit verschwanden der Felsvorsprung und meine Hülle. Es war eigenartig, mich als silbernen Faden in der Leere zu wissen. Deutlich fühlte ich, wie es mich in eine ganz bestimmte Richtung zog . . . Der Übergang von der Finsternis in die Helligkeit geschah wie ein Blitz, unerwartet und doch folgerichtig.

Ich hatte wieder Gestalt angenommen und stand jetzt am Anfang eines langen Tales dessen Schönheit und Unberührtheit mich überwältigten. Es war mit verschiedenfarbigen Blumen ganz bedeckt. Die angenehme Wärme und Helligkeit, die dieses Tal überfluteten, ließen die bunte Blumenpracht in übernatürlicher Schönheit erleuchten und versetzten mich in tiefe Ruhe. Langsam schritt ich das Tal hinunter, fasziniert schaute ich mich um und sah, daß die Blumen in ganz bestimmten Ornamenten angelegt waren. Je weiter ich durch das Tal ging, umso stärker wurden meine Gefühle und das Licht um mich her. Von weitem sah ich am Ende des Tales zwei große Gestalten stehen, die eine sanfte Helligkeit ausstrahlten. Die Aura, die sie umgab, erlaubte mir nur die Umrisse ihrer großen kräftigen Körper zu erkennen, aber ich spürte, daß sich eine unerklärliche Anziehungskraft von ihnen auf mich übertrug, und ohne zu zögern begab ich mich in ihre Mitte. Das Tal war hier zu Ende, und vor uns breitete sich eine unabsehbare Weite aus, die von sanftem, warmen Licht überflutet war. Die beiden Gestalten nahmen mich sachte an den Armen und führten mich über die Ebene. Das Licht wurde immer heller. In der Ferne war die Helligkeit sehr intensiv, und ich wußte jetzt, daß sie mich dieser Lichtquelle zuführten. Es war ein Licht, das trotz seiner Helligkeit nicht blendete. Ich fühlte mich einmalig gut und wußte, daß ich mich auf einer übernatürlichen Sinnesebene befand.

Mein Geist war klar. Ich empfand Ganzheit und Vollkommenheit.

Die Helligkeit gewann stetig an Kraft und Intensität. Einen Augenblick lang vernahm ich zarte Klänge in mir. In der Ferne im Licht sah ich einige Gestalten stehen, und es schien mir, als ob sie mir zuwinkten. Ich hatte das starke Empfinden, daß sie mich kannten und hier auf mich warteten!

Plötzlich standen wir still. Ich fühlte, daß sich die zwei Gestalten mir zuwandten und mich mit großer Ruhe anschauten. Ich spürte einen Wechsel meines Zustandes und wußte augenblicklich, daß ich noch nicht dazu bestimmt war, ins Licht einzugehen.

Langsam drehten wir uns um. Etwas sträubte sich in mir dagegen, denn mein einziger Wunsch war der Weg in das Licht. Doch gegen die Kraft, die mich auf den

Rückweg zwang, vermochte ich nichts auszurichten. Kurz danach standen wir wieder am Anfang des Blumentales, und im nächsten Augenblick wurde ich durch die Finsternis zurück auf die Felsnase versetzt. Ich fand mich im gleichen Zustand wieder, in dem ich mich dort hingelegt hatte, aber ich fühlte, daß sich tief in mir etwas verändert hatte. Ergriffen vom Geschehen, das mir Klarheit und Helligkeit gegeben hatte, lag ich lange auf der Felsnase, von undurchdringlicher Finsternis umgeben.

Noch ganz erfüllt vom Vorgefallenen lag ich lange da, unfähig, einen klar geformten Gedanken zu fassen. Das schien mir zu diesem Zeitpunkt auch nicht wichtig.

Die Entscheidung war gefallen, daß ich in das körperliche Leben zurückkehren solle. Doch der Weg zurück war lang. Und gebunden an meinen physischen Leib wanderte mein Geist noch einmal Ewigkeiten durch schöne wie auch durch furchterregende und verwirrende Trugbilder, bis meine Vision sich ganz allmählich und unter vielen Widerständen sehr langsam mit dem Zustand vereinigte, den man gemeinhin Wirklichkeit nennt. Und diese „Wirklichkeit" war dann auch in der ersten zeit sehr schwer zu akzeptieren, noch fast schwerer zu ertragen als die grauenhaftesten Szenen meiner Vision.

Ich fand mich plötzlich, von üppiger Vegetation umgeben, auf einer saftiggrünen Wiese in einer friedlichen und von warmer Atmosphäre erfüllten Gegend. Etwas tiefer unter mir lag ein kleiner tiefblauer See, an dessen Ufer ein großes Steinhaus stand. Ich wurde von unsäglichem Durst gequält und beschloß, bei dem Haus nach etwas Trinkbarem zu suchen. Das Haus war mit mehreren Fenstern versehen und besaß eine große Eingangstüre aus massivem Holz. Rechts davor war eine Ziehklingel aus Messing angebracht. Ich zog die Klingel, aber trotz mehrerer Versuche blieb sie stumm. Enttäuscht beschloß ich, die Türe zu öffnen. Doch sie war fest verriegelt, und das massive Holz gab nicht nach. Die Fenster lagen zu hoch über dem Boden, als daß ich durch eines hätte ins Innere gelangen können. Verzweifelt ging ich um das Haus herum, auf der Suche nach Wasser oder nach einem anderen Eingang. Alle anderen Hauswände waren jedoch fenster- und türenlos. Dagegen führte hinter dem Haus eine lange steile Steintreppe nach unten zu mehreren anderen Häusern. Vorsichtig stieg ich hinunter. Inmitten der Häuser auf einem Platz stand ein großer Baum, der sich mit seinem grünen Laub wie ein Juwel von den grauen Hausmauern abhob. Die Umgebung sah völlig unbewohnt aus, und kein Laut war zu vernehmen.

Ein einziges Haus besaß einen Eingang, allerdings ohne Türe. Alle möglichen Orte suchte ich nach Wasser ab, konnte aber keinen Tropfen finden. Schließlich entschloß ich mich, durch den Eingang zu gehen und stand in einem kalten Flur. Ich ging bis an dessen Ende, doch fand ich weder Türe noch sonst eine Öffnung. Deprimiert verließ ich das Haus wieder und setzte mich unter den Baum. Dort saß ich lange und fühlte mich wohl; der Baum übertrug Ruhe und Zuversicht auf mich. Da spürte ich auf einmal eine Veränderung in mir; ein Gefühl, das ich schon kannte, bemächtigte sich meiner, und ich wußte, daß ich nur noch kurze Zeit hier weilen und jeden Augenblick versetzt werden würde. Wieder hatte ich das Empfinden, als ob ich eine unsichtbare Türe durchschreiten würde, um mich plötzlich an einem ganz anderen Ort wiederzufinden. Kurze Zeit darauf stand ich, von stockdunkler Nacht umgeben, am Rand eines Abgrundes. Bevor mir Zeit blieb, die Situation zu erfassen, stürzte ich schon senkrecht in die Tiefe. Ich konnte weder denken noch handeln. Abrupt ging der Fall in eine waagrechte Bewegung über, und ich hatte wieder das Gefühl, von einem Sog ins dunkle Nichts getrieben zu werden. Eine Felswand, die sich durch einen eigenartigen Schimmer von der Dunkelheit abhob, war mein einziger Anhaltspunkt, den ich nicht verlieren wollte. Ich hatte Angst, von der Finsternis verschluckt zu werden und hoffte, wieder zurück auf den Felsen zu gelangen. Doch ein Lichtpunkt in der Ferne zog mich an, und je näher ich ihm kam, desto deutlicher nahm er Form an, und ich erkannte bald ein kleines rechteckiges Glashaus, dessen vordere Seite offen stand.

Im Inneren des Hauses wurde ich auf allen vieren abgestellt. Auf einer Holzbank saß ein alter grauhaariger Mann und schaute mich wortlos an. Ich versuchte ihn anzusprechen, brachte aber keinen Laut über die Lippen. Das schien ihn nicht zu kümmern und weil ich ebenfalls nicht weiter an ihm interessiert war, kroch ich durch eine Türe, die einen Spalt weit offenstand und sich mit einiger Mühe öffnen ließ. Ich gelangte auf eine

Wiese, die linkerhand durch einen hohen Zaun abgegrenzt war. Ich vermochte nur unter äußerster Anstrengung zu kriechen und bewegte mich so auf eine kleine Mauer zu, in deren Mitte sich eine schmale Öffnung befand. Es war der Eingang zu einem, wie mir schien, eher kleinen bunkerartigen Raum. Eine unerklärliche Neigung bewog mich, ins Innere zu schlüpfen. Schrecken durchfuhr mich, als mir bewußt wurde, wie tief der Innenraum in Wirklichkeit war. Zu meiner Erleichterung stürzte ich jedoch nicht hinunter, sondern schwebte langsam an den grauen Wänden entlang hinab. Die Öffnung, durch die ich geschlüpft war, verengte sich zu einem schwachen Lichtschimmer hoch über mir; ich war in einem tiefen Verlies eingeschlossen, von dunkler Nacht umgeben, und als einzige Hoffnung blieb weit oben der kleine Lichtschimmer. Ich versuchte, um Hilfe zu rufen, brachte aber keinen Ton hervor. Die Öffnung schien nun noch zu schrumpfen, meine Lage war aussichtslos. Ich konnte mir auch nicht vorstellen, wie mich jemand hier herausholen könnte, so tief unten saß ich in meinem Gefängnis. Das Loch war nun endgültig verschlossen. Trübe Gedanken bemächtigten sich meiner Sinne. Ich empfand zwar nicht eigentlich Furcht, ja zu meinem Erstaunen stellte ich fest, daß mir in dieser aussichtslosen Lage sogar wohl zumute war. Ich versuchte, mich auf mein Ende vorzubereiten. Doch: gab es überhaupt ein Ende? Diese Frage versetzte mich vorübergehend in panische Angst, denn das Ende fürchtete ich nicht, wohl aber die Vorstellung, eine Unendlichkeit lang eingeschlossen zu bleiben!

Ich schloß die Augen und spürte sogleich eine starke Veränderung in mir, welche mich schlagartig aus meiner Resignation riß. Als ich die Augen aufschlug, saß ich in dichtem grünem Gras, von angenehmen Gefühlen und innerer Ruhe erfüllt. Der Wechsel – eben noch im dunklen Verlies und jetzt auf einer hellen grünen Wiese – überforderte meine Sinne. Ich brauchte eine Weile, um mir meiner neuen Umgebung bewußt zu werden. Vor mir lag eine unabsehbar weite Wiese in einem warmen Licht, das von einem Sonnenuntergang herzurühren schien. Vor mir grenzte ein Zaun die Wiese nach beiden Seiten bis in unendliche Ferne ab. Ich stand auf, überstieg den Zaun und machte mich unbeschwert auf den Weg in die unendliche Weite.
In der Ferne tauchten unerwartet zwei hohe schwarze Mauern auf, die parallel zueinander bis in die Unendlichkeit verliefen. Sie waren unermeßlich hoch, so daß man ihr oberes Ende gar nicht sehen konnte. Ich war gezwungen, meinen Weg zwischen diesen beeindrukkenden Mauern zu gehen. Nach langer Zeit endete er jedoch unerwartet in einer Sackgasse, denn plötzlich bildete eine ebenso hohe Mauer das Ende des Weges. Ich wurde von einer mir schon vertrauten Leichtigkeit erfüllt. Unverzüglich legte ich mich hier auf den Rücken und blieb reglos und völlig entspannt liegen. Und wieder spürte ich den außergewöhnlichen Vorgang, wie ich meinem Körper verließ. Die Distanz zwischen mir und meinem Körper blieb diesmal gering und wurde nicht größer als meine Körperlänge. Von oben erblickte ich in einer seitlichen Mauer eine Nische, und

darin lag etwas, das meine Aufmerksamkeit auf sich zog.

Es war der silberne Faden, und ich wußte, daß er ein Teil von mir war. Im Moment war es mir nicht möglich, die Verbindung zwischen dem Faden und mir zu definieren. Etwas bewog jedoch meine Hülle, sich zu erheben, und vor mir stand plötzlich von Angesicht zu Angesicht mein anderes Ich. Vollkommen verwirrt und verblüfft stand ich hier in doppelter Ausgabe; der eine Teile von mir war nur mit einer Unterhose bekleidet, der andere vollständig angezogen. Dieser Zustand verwirrte mich zutiefst; ich wußte nicht, zu welchem Teil ich gehörte. Deutlich spürte ich die starke Verbindung zwischen beiden. Längere Zeit verharrten wir in diesem Zustand, dann drehte ich mich um und begriff augenblicklich, daß der mit dem Unterkleid der führende Teil von mir war. Wir machten uns auf den Rückweg, und mein zweites Ich folgte mir auf Schritt und Tritt. Nach langer Zeit drehte ich mich um und versuchte dem anderen Teil von mir verständlich zu machen, daß ich meinen Weg jetzt allein fortsetzen müsse.

Endlich hatten wir die hohen Mauern hinter uns gelassen. Ich war froh, wieder im Freien zu sein. Als ich mich umdrehte, sah ich zu meiner Erleichterung, daß ich wieder allein war – oder waren wir wieder eins geworden? Beidseits säumte eine hohe, dichte Hecke aus struppigen Gebüsch meinen Weg. Ich schlüpfte hindurch und staunte ob der herrlichen Landschaft, die sich vor mir ausbreitete. Eine üppig grüne Wiese voll der verschiedenartigsten bunten Blumen und mit vereinzelten Bäu-

men umgab mich. Ich mußte mich gleich hinsetzen; die Ausstrahlung dieser prächtigen Gegend übte eine wohltuende Wirkung auf meine Gefühle aus und verscheuchte die Verwirrung und die Ungewißheit. Aber brennender Durst machte sich bemerkbar, und wie ich aufstand, hatte sich die ganze Szenerie verwandelt. Ich lag, beide Arme längs des Körpers ausgestreckt, rücklings auf einem Brett, das gerade meiner Körpergröße entsprach. Dieses lag quer über einen Grat und ragte zur Hälfte über einen Abgrund. Die Angst lähmte meine Sinne, denn ich war sicher, daß ich bei der kleinsten Bewegung in die Tiefe stürzen würde. Vorsichtig drehte ich meinen Kopf zur Seite und erblickte weit unter mir einen Fluß, dessen Ufer vereinzelt mit Büschen und Bäumen bewachsen war, durch eine Ebene fließen. Ich spürte dabei, wie sich das Brett langsam nach vorn neigte und ins Rutschen kam. Mit rasender Geschwindigkeit glitt es mit mir direkt über dem Boden in die Tiefe, der Ebene zu. Aus dem kühnen Vorhaben, mich vom Brett abzurollen, wurde nichts, denn der Versuch, mich zur Seite zu drehen, scheiterte daran, daß ich völlig bewegungsunfähig war.
Es war mir unmöglich, die rasende Fahrt aufzuhalten. Über Felsen und Geröllhalden, Wiesen und Wege ging es hinunter, direkt auf den Fluß zu. Ich hoffte, die Fahrt würde vorher enden, denn sonst müßte ich womöglich elendiglich ertrinken. Unmittelbar vor dem Fluß kam die Fahrt zum Stillstand, der Bann, der mich auf dem Brett festhielt, löste sich, und es gelang mir, aufzustehen.

Eigentlich wollte ich mich wieder den Berg hinauf auf einen Weg begeben, den ich während meiner rasenden Talfahrt gesehen hatte. Aber noch im anstrengenden Aufstieg schlossen sich vor mir mit einem grollenden Donnerschlag zwei riesige graue Wände und schnitten mir den Weg ab. Nah über dem Boden schwebend zog es mich an der Wand entlang, dann über ein Feld und schließlich in einen Tannenwald. Zwischen hohen Tannen schwebte ich dahin, als eine große Waldlichtung mit mehreren Gärten auftauchte, in denen Holzhütten verschiedener Größe standen. Vor einer dieser Hütten stand ein kleiner Tisch, an dem vier Leute saßen, die ein Gespräch führten. So groß auch meine Anstrengung war, den Sog zu beeinflussen, es gelang mir nicht, und so schwebte ich über die Waldlichtung hinweg und unaufhaltsam tiefer und tiefer in den Tannenwald hinein. Erst nach geraumer Zeit erhielt ich langsam etwas Kontrolle über mich, und es gelang mir, den Stillstand zu erzwingen. Sofort machte ich mich auf den Weg zurück zu den Gärten. Halb gehend, halb schwebend erreichte ich endlich die Lichtung wieder und sah erleichtert die Leute immer noch am selben Tisch sitzen. Ein Stuhl war noch frei, und ich setzte mich darauf. Vor mir auf dem Tisch stand ein großes, mit klarem Wasser gefülltes Glas. Ich wollte endlich meinen quälenden Durst stillen, aber als ich nach dem Glas greifen wollte, versagten meine Arme den Dienst, und ich war zu keiner Bewegung fähig. Ich versuchte, die Aufmerksamkeit der Leute auf mich zu lenken in der Hoffnung, jemand würde meine Verzweiflung bemerken. Doch umsonst, die Leute führten ihr Gespräch unbekümmert fort, und ich überlegte, ob sie meine Anwesenheit überhaupt bemerkt hatten. Sie schauten zwar in meine Richtung, und übersehen konnten sie mich kaum. Enttäuscht erhob ich mich und verließ den Garten. Unmittelbar über dem Boden schwebend, folgte ich einem Weg tiefer in den Wald hinein. Ein feiner Sog brachte mich nach einiger Zeit vom Weg ab und zu einer etwas abseits stehenden Ruine. In den verfallenden Steinmauern blieb ich einige Zeit eingeklemmt und fühlte jetzt erst, wie matt und erschöpft ich war. Ich wollte hier ausruhen, doch der Sog zog mich rückwärts heraus, und so schwebte ich rückwärts zwischen den Tannen hindurch. Ich fürchtete, jeden Augenblick mit einem Baum zusammenzustoßen. Plötzlich wurde ich in einer Waldlichtung an einem grasbewachsenen Hang auf allen Vieren abgesetzt. Oben stand eine hölzerne Baracke, aus welcher ich Stimmen und Gelächter vernahm. Meine Schwäche zwang mich, auf allen Vieren den Hang hinaufzukriechen. Mit letzter Kraft schleppte ich mich zur Hütte und mußte dabei immer längere Pausen einschalten. In meiner Erschöpfung war es nur noch der Gedanke an Wasser, der mir die Kraft gab, meinen Weg fortzusetzen. Aus der Hütte drang schummriges Licht nach draußen und erhellte die nahe Umgebung. Sonst herrschte Dämmerung. Vier Holzstufen führten zum Eingang. Da wurde die Türe gerade geöffnet, und im fahlen Licht sah ich die Konturen eines Mannes mit einem Eimer in der Hand, den er sogleich neben der Treppe ausgoß. Ich wollte ihm zurufen, doch meine

Stimme versagte. Er ging ins Haus zurück und schloß die Türe hinter sich. Ich war am Ende meiner Kräfte und zweifelte, ob ich es noch bis zum Haus schaffen würde. Lange blieb ich ausgestreckt am Boden liegen, als sich plötzlich eine Änderung meines Zustandes bemerkbar machte.

Soeben hatte ich noch völlig erschöpft im Zwielicht auf dem Boden gelegen, jetzt stand ich in der Helligkeit und war voll neuer Kraft und Energie. Die Erschöpfung, die mich vorher zum Aufgeben gezwungen hatte, war restlos verschwunden. Aufmerksam betrachtete ich meine Umgebung. Beiseits des Weges waren große Flaschen hoch aufgestapelt. Die merkwürdige Form dieser Flaschen faszinierte mich. Ein großer bauchiger Unterteil mündete in einen langen schmalen Hals. Alle hatten dieselbe Form und waren mit einer klaren hellgrünen Flüssigkeit gefüllt. Ich fragte mich, ob die Flüssigkeit wohl trinkbar sei und welchen Geschmack sie haben möge. Doch war mir bewußt, daß es unmöglich sein würde, eine der Flaschen aus dem Stapel zu ziehen, und der Stapel war viel zu hoch, als daß ich von zuoberst eine Flasche hätte ergreifen können. Obwohl die Flaschen nicht verschlossen waren, war es unmöglich, durch die langen Hälse zu der Flüssigkeit zu gelangen. Zwischen den Stapeln hindurch mündete der Weg in einen anderen, der quer dazu und höher dem Berg entlang führte. Rechts des Weges fiel ein steiler Hang in eine Ebene ab, die von hier bis in weite Ferne überblickbar war. Am Wegrand standen vereinzelt Holzeimer in verschiedenen Größen. Erwartungsvoll warf ich einen Blick in einen von ihnen. Er war leer. Ich konnte mir auch kaum vorstellen, hier frisches Wasser zu finden. Auch die nächsten Eimer waren leer, bis auf einige, in denen sich noch ein Rest grüner schlammiger Brühe befand, deren Anblick mich an die schrecklichen Bilder im Kerker erinnerte.

Ein heftiger Lärm durchbrach plötzlich die Stille. Weiter oben schnaubte eine alte Dampflokomotive mit vielen angehängten Wagen den Hang entlang. Sämtliche Eisenbahnwagen waren hoch mit den selben Flaschen mit grüner Flüssigkeit beladen. Auf der Plattform des hintersten Wagens stand ein älterer Mann von breiter Statur mit einer nach unten gebogenen Tabakpfeife im Mund. Seine viel zu weite Hose wurde durch breite, komisch aussehende Hosenträger festgehalten. Welch ein eigenartiger, lächerlicher Anblick, dachte ich noch, und schon saß ich huckepack hinten in seiner viel zu weiten Hose. Bis zur Hälfte meines Oberkörpers steckte ich in der Hose, und meine Beine baumelten zu beiden Seiten seines Körpers hinaus. Ich hielt mich mit beiden Händen an seinen breiten Hosenträgern fest. Alles war so rasch gegangen, daß ich erst nach einiger Zeit verstand, was mir geschah.

Der Mann zeigte überhaupt keine Reaktion, und es schien, als ob er den Vorfall gar nicht bemerkt hätte. Von vorne vernahm ich dafür lautes Gelächter. Ich neigte mich zur Seite, um zu sehen, woher der Lärm kam. Am Körper des Mannes vorbei sah ich auf dem vorderen Wagen zuoberst auf dem Flaschenstapel mehrere Männer sitzen, die auf uns zeigten und sich vor Lachen krümmten. Auch das schien den Mann nicht im geringsten zu beeindrucken. Ich kam mir lächerlich vor in dieser peinlichen Lage und versuchte mir vorzustellen, wie wir zwei von dort oben aussahen. Der Zug fuhr jetzt schneller und schneller durch Wälder und Täler. Plötzlich stand ich zu meinem Erstaunen an genau derselben Stelle auf dem Weg wie vorher, als ich den Gedanken hatte, wie komisch die weite Hose des Mannes aussehe. Jetzt war mir sogleich klar, daß der bloße Gedanke die auslösende Kraft gewesen war, die mich in die Hose des Mannes versetzt hatte. Der Zug war verschwunden, und ich war wiederum von bedrükkender Stille umgeben. Erlebnisse dieser Art waren mir so fremd, daß sie in meinem Verstand jedesmal ein Loch hinterließen.

Ich folgte einem schmalen, kurvenreichen Pfad den Berg hinunter, der Ebene zu. Überall standen Fläschchen, aber alle waren leer, bis auf eines, das so fest verschlossen war, daß es auch mit der größten Anstrengung nicht zu öffnen war. Mein Durst war unerträglich geworden, und ich lechzte danach zu trinken. Ein weiteres Fläschchen war offen und zur Hälfte gefüllt, doch wie ich es auch schüttelte und drehte: kein Tropfen floß heraus.

Ich spürte, wie sich meine Umgebung veränderte: ein Stück des Weges hatte sich aus dem Untergrund gelöst und schwebte mit mir langsam senkrecht in die Höhe. Endlich stand ich still. Dann flog das Stück Boden mit mir wie ein fliegender Teppich über die Landschaft, unter mir flitzten Wälder, Berge und weite Ebenen vorbei.

Dann ließ der Sog, der mich bewegte, nach und kam endlich zum Stillstand. In großen Spiralen, die sich nach unten stetig verkleinerten, schwebte ich samt meinem kleinen Stück Erde sachte nach unten. Ich steuerte auf einen Talkessel zu, in dem eine große Holzbaracke stand, in welcher Leute ein- und ausgingen. Darum herum waren drei riesengroße Stapel Flaschen aufgehäuft, von der Art, die der Zug geladen hatte. Zuoberst auf einem der Stapel wurde ich abgesetzt.

Als ich mich vorsichtig dem Rand näherte, um nach unten zu steigen und zu dem Holzhaus zu gehen, sah ich mit Schrecken und jäher Angst, daß der Stapel viel höher war, als ich vermutet hatte. Das Haus sah von hier oben sehr klein aus, und es gab für mich überhaupt keine Möglichkeit, hinterzugelangen. Ich spielte mit dem Gedanken abzuspringen, aber ich wußte nicht, ob ich schweben oder in die Tiefe stürzen würde. Ich wollte, um keine Möglichkeit auszulassen, um Hilfe schreien, doch kein Laut kam aus meiner Kehle. Es war völlig hoffnungslos, die Leute dort unten auf mich aufmerksam machen zu wollen. Schon wieder dachte ich, dies sei das Ende, da stand ich plötzlich am Boden hinter einem kleinen Stoß derselben Flaschen.

Ich genoß das Gefühl, wieder Boden unter den Füßen zu spüren. Jetzt wollte ich endlich eine der Flaschen nehmen, um meinen brennenden Durst zu stillen. Aber die umfangreichen bauchigen Flaschen waren viel zu schwer. Ich versuchte, eine davon zur Seite zu kippen, doch es ging nicht. Was ich auch versuchte: der Inhalt blieb in der Flasche. Die Holzbaracke hatte ich in meiner

Verzweiflung längst vergessen. Ich ging einen steilen Weg hinan, der durch einen dichten Wald führte. Von unten herkommend, sah ich mehrere Leute mir entgegenkommen. Erfreut beschleunigte ich den Schritt. Als sie direkt vor mir waren, wollte ich sie ansprechen, doch sie gingen grußlos an mir vorbei, als ob sie mich nicht bemerkt hätten. Ich verstand nicht, warum sie mich nicht beachtet hatten; es war mir gar keine Zeit geblieben, sie anzusprechen. Nach der ersten Verblüffung war ich mehr und mehr davon überzeugt, daß sie mich gar nicht sehen konnten. Ich drehte mich um und sah noch, wie der letzte von ihnen im Wald verschwand.

Trotz der Enttäuschung war mir wohl zumute; es hatte mich dennoch erfrischt, überhaupt wieder einmal Leuten zu begegnen. Der Weg, dem ich folgte, wurde schmaler und holpriger. Eine fremde und mir unheimliche Starre bemächtigte sich meiner und lähmte meine Bewegungen. Starr blieb ich stehen und verlor das Gleichgewicht, fiel seitwärts hin und kollerte eine steile Geröllhalde hinunter, bis ich hinter einer Steinmauer liegen blieb. In meiner Starre war ich gezwungen, lange reglos hier liegenzubleiben. Ermattet und erschöpft, wie ich mich fühlte, war mir alles gleichgültig. Es kam mir vor, als ob ich schon seit vielen Jahren unterwegs sei, auf endlosen Wegen ohne Ende.

Ich schloß die Augen und dachte an die helle Weite, an die von einer Aura umgebenen Lichtgestalten, an die Wesen, die mir aus der Ferne zuwinkten und von denen ich überzeugt war, daß sie mich kannten und ich

sie. Die Empfindung des übernatürlich warmen Lichtes, das Gefühl von Vollkommenheit und Harmonie hüllten mich ein im Gedanken an den Ort, den ich gegen meinen Willen wieder verlassen mußte.
Einen kurzen Moment fühlte ich mich dort, leicht und unbeschwert, dann holte mich die kalte Realität ein. Ich lag immer noch starr hinter der grauen Mauer. Aber die vorausgegangenen Empfindungen hatten in mir von neuem eine Quelle der Kraft geweckt, und ich spürte, wie der Bann der Starre langsam nachließ. Torkelnd erhob ich mich, ging um die Mauer herum und stand auf einem Pfad, der schnurgerade über eine weite Ebene zu einem riesigen Felsgebirge führte. Hohe Felsspitzen hoben sich grauschwarz und beeindruckend im Dämmerlicht vom Hintergrund ab. Der Anblick überwältigte mich. Ich folgte dem Pfad über die mit wildem Gras bedeckte Ebene bis zum Fuß dieses unheimlichen Gebirges. Von weitem sah ich das kleine Loch im Fels, in das mein Pfad hineinführte. Als ich unmittelbar vor der Felswand stand, überlegte ich lange, ob ich in das dunkle Loch kriechen solle. Aber es schien mir aussichtslos, nach einem Weg über das steile Gebirge zu suchen, und mir war bald bewußt, daß ich keine andere Wahl hatte.
Mit gemischten Gefühlen kroch ich auf allen vieren ins Innere des Tunnels, der gerade genug Raum bot, daß ich mich mühelos darin fortbewegen konnte. Ich kam nur langsam vorwärts, die Finsternis bedrängte mich, doch eine Hoffnung – worauf, wußte ich selber nicht – trieb mich voran. Der Tunnel begann sich zu verengen, und bald mußte ich auf dem Bauch kriegen. Was, wenn

der Tunnel plötzlich zu Ende war? Rückwärts käme ich hier nicht mehr heraus. Solche Gedanken mußte ich unterdrücken, denn ich fühlte, daß mich, wenn ich ihnen freien Lauf ließe, die Angst lähmen würde. Trotz der Anstrengung und der zunehmenden Erschöpfung kamen aber seltsamerweise kein unangenehmen Gefühle auf. Im Gegenteil: die kühle Atmosphäre und die eigenartige, mir fremde Feuchtigkeit, die mich umgab, waren mir nicht unangenehm. Dennoch war ich glücklich, als ich weit vor mir einen matten Lichtschimmer im Felsengang bemerkte. Ich beschleunigte meine Bewegung und glaubte schon, die andere Seite des Gebirges erreicht zu haben. Vorsichtig streckte ich den Kopf aus dem Loch, wurde mir aber staunend bewußt, daß ich mich noch weit vom gewünschten Ziel entfernt befinden mußte.
Vor mir wölbte sich ein unermeßlich großer Höhlenraum. Tief unter mir sah ich den unebenen, zum Teil mit dichtem grünbräunlichem Moos überwachsenen Felsboden. Es mußte ein riesenhaftes Felslabyrinth sein, von dessen Größe ich mir keine Vorstellung machen konnte, denn nirgends war ein Ende abzusehen. Obwohl der Höhlenraum vollständig geschlossen sein mußte, war er von einem angenehmen Licht durchflutet, welches mir das Gefühl von Geborgenheit vermittelte. Bevor ich mir richtig schlüssig werden konnte, wie ich auf den tief unter mir liegenden Höhlenboden gelangen sollte, wurde ich wie von einer unsichtbaren Hand sanft aus dem Loch gestoßen und schwebte langsam der Felswand entlang hinab.

Nach dem langen Aufenthalt im engen Tunnel kostete ich das Gefühl der Bewegungsfreiheit richtig aus. Von unten sah der Raum noch gewaltiger und faszinierender aus als von oben. Von der hohen Felsdecke über mir hingen verschieden lange bizarre Felszapfen herab, die, wie ich feststellte, die Lichtquelle dieser Höhle waren. Ein kristallenes, mattglänzendes Licht wurde von diesen eigenartigen Steingebilden ausgestrahlt, das die Ursache der angenehmen Wärme war, die sich auch auf mich wohltuend auswirkte. Schon lange hatte ich mich nicht so wohl und unbeschwert gefühlt. Nach dem langen dunklen Tunnel hatte ich nun das Bedürfnis, so lange wie möglich hier zu verharren und diese Wärme in mich aufzunehmen.
Die bizarre Felslandschaft hielt meine Aufmerksamkeit gefangen. Die Vertiefungen und Löcher waren meist mit grünbraunem Moos überwachsen, während die Steinbrocken und unterschiedlich hohen Erhebungen kahler Fels waren. Unerwartet hob ich vom Boden ab und schwebte dem felsigen Höhlengrund entlang. In einer großen, kraterähnlichen Senke geriet ich bis auf den Grund hinab, konnte mühelos darin umhergehen, merkte aber plötzlich, daß ich nicht mehr vom Boden abheben konnte. Ich versuchte es mehrmals immer wieder, blieb aber fest auf dem felsigen Boden stehen. Mit aller Anstrengung gelang es mir schließlich, mich ein wenig abzuheben. Ich versuchte es immer wieder, und als ich schließlich alle meine Kräfte sammelte und fest entschlossen war, diesmal hinaufzugelangen, blieb der Erfolg nicht aus, und ich schwebte nach oben lang-

sam aus dem Krater hinaus. Als ich endlich wieder auf dem moosbewachsenen Höhlenboden stand, begriff ich, daß es mir einzig durch meine Entschlossenheit und Kraft möglich war, mich aus einer ausweglosen Lage selber zu befreien.
Ich fühlte dabei das mir fremde, gute Gefühl einer unbekannten Energie und spürte durch diesen Vorgang eine tiefe Veränderung in meinem Innern, die ich jedoch nicht deuten konnte. Ich empfand wieder ein großes Gefühl von Leichtigkeit und eine Verfeinerung meiner Empfindungen und meines Wahrnehmungsvermögens, während ich durch den Höhlenraum schwebte. Ein starker Sog ergriff mich unvermittelt und trieb mich einer Höhlenwand zu. Ich verspürte keine Angst vor dem Aufschlag, war aber fassungslos von der Art, wie ich durch den Fels hindurchgezwängt wurde. Die Tatsache, bewußt wahrzunehmen, wie ich mich durch den Felsen hindurchbewegte, war überwältigend und versetzte mich in Entzücken.
Plötzlich stand ich draußen in der Freiheit. Im Dämmerlicht nahm ich wahr, daß ich zuoberst auf einer Felsspitze des Bergmassivs stand. Düsterkeit und Stille waren hier vorherrschend und bestimmten auch meine Gefühle. Weit unter mir in der Tiefe lag ein großer See, der sich pechschwarz und unabsehbar lang zwischen den kahlen, steil aufragenden Bergen hinzog. Es hatte mich an einen kalten, unfreundlichen Ort verschlagen. Lange Zeit war verstrichen, seit ich ins Innere des Berges gekrochen war, und nie hätte ich mir träumen lassen, auf der anderen Seite in eine so ungastliche Ge-

gend zu geraten. Dagegen brauchte ich nicht lange zu überlegen, wie ich von der Bergspitze hinunterkäme. Ich hob ab und schwebte vom Gipfel weg dem dunklen Wasser in der Tiefe zu.

Schon fürchtete ich, ins Wasser zu stürzen, doch zu meiner Erleichterung wurde mein Flug abgestoppt, und ich schwebte in der Mitte des Sees über dem schwarzen Wasser. Angestrengt spähte ich nach dem Ende des Sees, denn ich fürchtete immer noch einen Sturz und konnte mir nicht vorstellen, in diesem See zu schwimmen. Endlich steuerte ich dem rechten Ufer zu und blieb dort lange stehen. Die panische Angst war noch nicht von mir gewichen, und ich brauchte einige Zeit, um mich zu beruhigen und meine Gedanken zu ordnen. Unwillkürlich drehte ich mich um und schaute zurück. Das dunkle Wasser, die tote Umgebung, der kalte schwarze Fels, die Stille und die Düsternis wirkten erdrückend.

Ich wandte diesem Ort den Rücken zu. Vor mir auf dem Boden lag ein kleiner schwarzer Stab. Als ich ihn genauer anschaute, sah ich, daß er aus einem mir fremden Material bestand. Es ging ein eigenartiger schimmernder Glanz von ihm aus, der meinen Blick gefangen hielt. Ich wußte gleich, daß ich ihn aufheben mußte. Je länger ich ihn anstarrte, desto größere Bedeutung erlangte er für mich. Er hatte mich in seiner Gewalt. Vorsichtig hob ich ihn auf, und sogleich übertrug sich eine starke Wärme auf meine Hand, breitete sich von meinem Arm ausgehend über den ganzen Körper aus. Ich wußte, dies war der Schlüssel, um diesen finsteren

Ort zu verlassen. Das erste, was ich denn auch sogleich wahrnahm, war der Übergang vom Zwielicht in die Helligkeit.
Ich stand auf einem Weg, der quer über einen grasbewachsenen Hang führte. Weiter vorne standen vier menschliche Gestalten, die sich unterhielten. Ich war überglücklich, wieder unter Lebewesen zu sein. Ihre bloße Anwesenheit gab mir Hoffnung, endlich Antwort auf viele aufgestaute Fragen zu erhalten. Erfreut sah ich, daß sie einige Male in meine Richtung blickten, doch schienen sie mich nicht zu bemerken. Enttäuscht darüber wollte ich nichts unversucht lassen, mich bemerkbar zu machen, doch es war zu spät: sie verabschiedeten sich voneinander, und einer nach dem andern hob vom Boden ab und schwebte weit über den Hang nach unten. Ich wollte ihnen unbedingt folgen, um doch noch eine Möglichkeit zu finden, mich mit ihnen zu verständigen. Doch umsonst: etwas hinderte mich daran, vom Boden abzuheben.
Erschrocken sah ich, daß meine beiden Beine bis zu den Knien dicht mit weißem Faden umwickelt waren. Es blieb mir unerklärlich, woher der Faden plötzlich gekommen war, und ich versuchte ihn abzustreifen. Das gelang mir teilweise, doch kaum hatte ich mich ein wenig befreit, war er schon wieder da und umwickelte meine Beine erneut. Verzweifelt suchte ich nach der Quelle des Fadens, um mich endgültig davon zu befreien. Bei einem Blick den Hang hinunter sah ich noch den letzten der vier Leute schwebend meinem Blickfeld entschwinden, und mit ihm schwand meine

Hoffnung auf Verständigung dahin. Inzwischen hatte ich die Stelle gefunden, wo der Faden unaufhaltsam herausquoll, und zwar aus den großen Zehenspitzen meiner Füße. Es blieb mir ein Rätsel, wie dieser Faden dort aus meinem Körper austreten konnte, doch blieb mir keine Zeit zu weiteren Überlegungen, denn schon waren meine beiden Beine wieder fest umwickelt. Immer wieder versuchte ich den Faden in meine Finger zu bekommen. Er war aber so fein, daß er mir ständig entglitt, und ich mußte bald einsehen, daß ich es nie schaffen würde. Doch endlich gelang es mir, den Faden wenigstens soweit abzustreifen, daß ich vom Boden abheben und den Hang hinunter schweben konnte.

Ich gelangte in eine unberührte, von Gras und Blumen und vereinzelten niederen Büschen bewachsene Gegend, die ich bestimmt noch nie gesehen hatte. Doch je weiter ich den Hang hinunterschwebte, desto deutlicher wurde das Gefühl, schon einmal hier gewesen zu sein. Verschieden breite Pfade führten dem Hang entlang, doch weit und breit war kein Haus zu sehen. Ich hielt verzweifelt Ausschau nach den Leuten und ihren Wohnstätten. Sie blieben wie in Luft aufgelöst, und ich hatte Mühe, zu glauben, dies sei der Weg, den sie genommen hatten.

Zu meinem Schrecken hatte sich der Faden wieder um meine Beine gewickelt, und das schränkte meine Bewegungsfreiheit ein. Langsam zog es mich nach unten, und ich fürchtete, abzustürzen. Doch ich kam auf einem der Wege zu stehen. Der Versuch, den Faden

wieder loszuwerden, erwies sich als mühselig und frustrierend. Aber es gelang mir schließlich, so daß ich meinen Weg fortsetzen konnte.
Weit unter mir standen mehrere große Häuser eng beieinander. Ich war froh, endlich gefunden zu haben, was ich suchte. Es zog mich nach unten, der Hauswand des ersten Hauses entlang durch eine Öffnung ins Innere. Im gleichen Augenblick spürte ich einen vollständigen Wechsel meines Zustandes. Alles war anders als zuvor. Ein totaler Stillstand. Ich glaubte einen Augenblick, ich würde ausgestreckt auf dem Rücken liegen. Das hatte etwas Beängstigendes an sich. Doch dieses bedrükkende Gefühl dauerte glücklicherweise nur kurz.
Ich stand auf einer wunderschönen Wiese, umgeben von unzähligen farbigen Blumen. Mir war wohl und warm zumute, und ich war von friedlichen Gefühlen erfüllt. Lange schlenderte ich durch die Schönheit dieser Gegend. Doch trotz all den angenehmen Gefühlen war etwas Beängstigendes von vorhin in mir zurückgeblieben. Eine unwiderstehliche Kraft zog mich plötzlich an denselben Ort der Dunkelheit zurück. Diesmal spürte ich mit Sicherheit, daß ich reglos auf dem Rücken lag. Es war das erste Mal, daß mich eine Kraft zurück an den gleichen Ort gezwungen hatte. Und diesmal blieb ich länger in dieser mir unerklärlichen Lage, doch nicht lange genug, um mir über meine Situation klar zu werden. Schon einige Augenblicke später war ich wieder weg, an einem ganz anderen Ort.
Ich schwebte wie aus dem Nichts kommend einer tiefen Schlucht entgegen, die eine weite Ebene in zwei

Teile trennte. Ein eigenartiges Licht beleuchtete die Gegend. In einer der beiden Ebenen lagen drei große Seen, die sich wie dicke schwarze Schläuche durch die Weite zogen. Sie waren alle von genau derselben Form, durch genau denselben Abstand voneinander getrennt und erinnerten mich an künstlich angelegte Teiche. Dazwischen weideten kleine pechschwarze Kühe auf dunkelbräunlichem Gras. Sie bewegten sich ruckartig und langsam wie in Zeitlupe und sahen aus wie Spielzeuge. Die Schlucht verengte sich und schloß sich zuhinterst. Der Sog, der mich bewegte, wurde stärker, und ich schwebte immer schneller auf das Ende der Schlucht zu, wo ich jeden Augenblick aufprallen mußte. Doch statt dessen lag ich plötzlich wieder bewegungsunfähig auf dem Rücken in der Finsternis. Meine Empfindungen dabei waren ganz anders als zuvor. Vor allem war mir unerfindlich, wieso ich gezwungen war, reglos liegenzubleiben, ohne das Geringste von meiner Umgebung wahrnehmen zu können. Dieser Zustand wurde mir je länger je unheimlicher. Ich wünschte mich weg von hier und lag aufmerksam und still da, bis mich ein mir bekanntes Gefühl aus diesem monotonen Zustand erlöste. Ich fühlte eine große Unbefangenheit in mir hochsteigen; langsam zog es mich aus meiner Lage nach hinten, und kurz darauf war ich wieder in der Helligkeit.

Zwischen zwei Steinmauern eingeklemmt fand ich mich in einer kanalähnlichen Rinne wieder. Sie war nicht sehr tief, so daß ich über den Rand hinweg meine Umgebung erkennen konnte. Ich befand mich in einem großen leeren Raum. Die Rinne, in der ich lag, verlief unmittelbar unter der Decke rings um den ganzen Raum. Unter mir hatte es zwei weitere, jedoch nur etwas halb so große Rinnen. Der Boden des Raumes war mit einem weißen Tuch überzogen. Steintreppen führten von allen vier Wänden hinab zum weißen Tuch. Auf der mir am nächsten stehenden Stufe stand jetzt eine mit klarem Wasser gefüllte. Flasche. Die Rinne schränkte meine Bewegungsfreiheit ein, und nur unter größten Anstrengungen konnte ich auf die Treppe zukriechen. Ich war völlig ausgetrocknet und mußte unbedingt etwas trinken, und waren es auch nur einige Tropfen. Als ich endlich in Treppennähe angelangt war, folgte die Enttäuschung. Ich konnte zwar meinen Arm etwas heben, aber die Flasche blieb unerreichbar. Ich versuchte mich mit letzter Kraft hochzuziehen, aber der enge Graben hinderte mich daran. Alle meine Anstrengungen waren umsonst, ich sah mich hier elendiglich verdursten im Anblick dieser gefüllten Wasserflasche. Ich wollte leben! Alles sträubte sich in mir gegen den Gedanken, hier jämmerlich zu verenden. Gleichzeitig mit diesem Entschluß wurde mir klar, daß ich hier nicht bleiben konnte. Ein angenehmes Gefühl stieg in mir auf, und ich fühlte eine Veränderung. Gleich darauf lag ich wieder auf dem Rücken in der Finsternis.

Ich konnte nach wie vor nichts von meiner Umgebung sehen, war aber immer mehr davon überzeugt, daß ich mich in einem Raum befinden mußte. Ich konnte die Wände um mich herum nicht sehen, doch ich spürte sie. Es war ein anderer Zustand, als ich bisher gekannt

hatte. Ich fühlte mich unsicher, und das weckte bange Gefühle in mir. Es war eine Erleichterung, als ich in jenen anderen Zustand glitt. Langsam zog es mich rückwärts nach hinten und kopfvoran einen kleinen grasbewachsenen Hang hinab. Auf der anderen Seite war ein hölzerner Zaun, an dem ich zuunterst hängen blieb. Verzweifelt suchte ich mich zu befreien, doch umsonst: ich war hoffnungslos eingeklemmt. Da war es wieder eine Erleichterung, als ich spürte, wie es mich den Hang hinauf zurück in die Dunkelheit zog. Ich wartete darin lange auf irgendein Zeichen, aber nichts geschah, und meine Ungewißheit brachte mich langsam zur Verzweiflung.
Plötzlich fühlte ich wieder die schon vertraute Leichtigkeit. Ich hatte meine volle Bewegungsfreiheit wiedererlangt und stand im hellen Licht auf einer grünen Wiese voller farbiger Blumen. Der Ort entzückte mich. Ich schritt unbeschwert durch die schöne Wiese, als ich von irgendwoher Stimmen vernahm. Ungläubig schaute ich mich um. Irgend etwas stimmte nicht, denn die Stimmen waren nicht mit dieser Gegend zu vereinbaren. Sie kamen völlig woanders her. Aber woher? Weit und breit war kein Mensch zu sehen. Da wurde mein friedlicher Zustand unterbrochen, und ich fühlte mich in die Dunkelheit zurückgezwungen. Da kannte ich mich bereits aus, dieser Zustand war unverkennbar. Immer längere Zeit lag ich nun gedankenlos und leer da. Die Zeit schlich träge dahin und verlor schließlich ihre Bedeutung. Es gab weder Tag noch Nacht, nur andauernde dunkle Stille. Immer inniger wünschte ich mir,

wieder einmal an einen andern Ort versetzt zu werden, in die Helligkeit und Bewegungsfreiheit. Als mich nach langem Warten wieder einmal ein Wechsel ergriff, staunte ich. Es ging sehr schnell. Ich nahm plötzlich wahr, daß ich mit großer Geschwindigkeit über dem Tal schwebte, wo die seltsamen kleinen schwarzen Kühe mit ihren ruckartigen Bewegungen weideten. Ich war fasziniert und hatte die schlimmen Ahnungen, die mich in der Dunkelheit verfolgt hatten, bereits vergessen.
Wieder näherte ich mich dem Talende, vor dem Aufprall fürchtete ich mich schon nicht mehr. Ohne daß ich den geringsten Übergang wahrnehmen konnte, lag ich wieder in dunkler Nacht auf dem Rücken, in verzweifelter, hoffnungsloser Lage. Es gab keine Zeiteinheiten, nur Leere und Dunkelheit, eine Leere, die weder Angst noch andere unangenehmen Gefühle zuließ. Für immer kürzer werdende Zeitspannen wurde ich ab und zu in die Helligkeit versetzt und genoß dort meine Bewegungsfreiheit. Aber schließlich landete ich mit voraussehbarer Regelmäßigkeit in der Finsternis, und immer längere Zeiten verbrachte ich in völliger Eintönigkeit.
Ich spürte eine Veränderung meines Zustandes, die intensiver als die vorangegangenen Ortswechsel war. Unvermittelt lag ich auf einer Wiese, in einer Gegend, die ich nicht kannte. Von weitem sah ich zwei verzerrte Gesichter auf mich zukommen. Ich glaubte, die Umrisse meiner Mutter und meines Bruders zu erkennen und erschrak deshalb. Mein Bruder schien meiner Mutter Zeichen zu geben, sich zu entfernen. Dann erhoben sich beide und gingen langsam den grasbewachsenen

Hang hinauf. Ich wollte mich ebenfalls erheben und ihnen folgen. Warum wollten sie mich hier allein zurücklassen? Und wieso halfen sie mir nicht beim Aufstehen? Mit Mühe gelang es mir aufzustehen. Ich stand jetzt in ihrer Mitte auf einem Weg. Sie sprachen miteinander, aber schienen mich gar nicht zu bemerken. Am Weg stand ein großes Haus mit einer breiten Terrasse mit Tischen und Stühlen, die von vielen Menschen besetzt waren. Mein Bruder flüsterte meiner Mutter etwas ins Ohr, worauf sie sich umdrehte und hinter einer kleinen Mauer, die ich vorher übersehen hatte, verschwand. Mein Bruder verschwand nach kurzer Zeit ebenfalls. Wieso waren sie so in Eile? Kaum war mein Bruder verschwunden, spürte ich eine kalte Starre hochkriechen. Zuerst wurden meine Beine bewegungsunfähig, dann griff die Starrheit auf den ganzen Körper und schließlich den Kopf über. Ich kam mir wie versteinert vor. Nicht einmal die Augenlider konnte ich mehr schließen. Ob die in meiner Nähe sitzenden Leute diesen Vorgang bemerkten? Ich fühlte mich wie eine Statue. Plötzlich verlor ich das Gleichgewicht und stürzte zwischen den Tischen zu Boden. Ich spürte keinen Aufschlag und auch keinen Schmerz. Niemand hatte meinen Fall bemerkt, und ich schien für alle die Leute überhaupt nicht zu existieren. Lange lag ich reglos am Boden, bis die Starrheit zu meiner Erleichterung nachließ. Nach mehreren mühsamen Versuchen vermochte ich mich wieder zu erheben und taumelte den Hang hinab zu der Mauer, wo meine Mutter und mein Bruder verschwunden waren.

Hinter der Mauer sah ich auf einer kleinen gegenüberliegenden Anhöhe meine Mutter reglos am Boden liegen. Sie war klein und geschrumpft und mit einer dunkelbraunen Haut überzogen. Auch ihr Kopf war geschrumpft und erschien mir unnatürlich klein. Ich erschrak zutiefst. Eben eilte noch mein Bruder zu ihr hin, wurde dann aber vom gleichen Vorgang ergriffen und lag schließlich ebenso eingeschrumpft und von einer braunen Haut überzogen neben ihr. Plötzlich wurde ich wieder von der mir schon bekannten Starrheit befallen. Ich fragte mich noch, ob die beiden wohl tot seien oder etwa im gleichen Zustand wie ich. Da begannen sie sich wieder zu regen. Sie erhoben sich langsam, hoben vom Boden ab und flogen wie zwei dunkle Vögel in die Nacht hinaus. Ich konnte nicht fassen, daß sie fliegen konnten. Ich nahm mir vor, meinen Bruder bei nächster Gelegenheit danach zu fragen, denn das konnte für mich von Bedeutung sein.
Ich vernahm aus meinem Innern kurz, aber unwahrscheinlich klar einige Klänge. In meinem Kopf entstand kurz danach ein Bild von mehreren Schriftzeichen, die ich klar und deutlich wahrnehmen, aber nicht deuten konnte. Die Zeichen prägten sich mir mit überwältigender Kraft ein. Wie durch einen Stoß fiel ich plötzlich seitwärts zu Boden. Ich spürte keinen Aufprall, doch blitzartig war mir klar, daß ich wieder reglos in der Dunkelheit lag. Vor meinen Augen hatte ich noch das Bild der Schriftzeichen, das jeden anderen Gedanken verdrängte. Als das Bild allmählich verblaßte, fiel ich wieder für lange Zeit in Leere und Gedankenlosigkeit.

Dann stand ich auf einmal in einem großen pyramidenförmigen Zelt, das sich unmittelbar über mir schloß und mir Platzangst verursachte. In meiner Verzweiflung sah ich plötzlich einen unbekannten Mann vor mir im Zelt erscheinen. Er schien mich nicht zu bemerken. Aber er streckte eine Hand aus, riß eine Öffnung in der Seitenwand des Zeltes auf und schritt hinaus. Ich folgte ihm, aber zu meiner Verwunderung waren Mann und Zelt plötzlich verschwunden, als ich im Freien war. Ich machte mir keine weiteren Gedanken darüber und folgte einem kleinen Weg hangabwärts zu einem quer dazu verlaufenden Weg. Ich folgte diesem in einen dichten Wald und stand plötzlich wieder in einem Zelt. Es hatte dieselbe Pyramidenform, war aber kleiner. Diesmal entdeckte ich den Ausweg selber, fand mich dann aber nicht mehr im Freien, sondern wieder in der Dunkelheit vor. Ich hatte den Eindruck, als drängen leise Stimmen aus der Ferne zu mir. Kaum horchte ich auf, war es wieder still um mich. Angestrengt lauschte ich in der vollkommenen Dunkelheit und Stille nach einem Laut. Nichts. Ich mußte einer Täuschung zum Opfer gefallen sein. Ich begann in meinen Erinnerungen nach einem Anhaltspunkt zu suchen, der mir meinen jetzigen Zustand hätte erklären können, erfolglos. Was hielt mich hier fest? Warum konnte ich mich nicht bewegen? Was war mit mir geschehen? Ich begann verschiedenste Möglichkeiten zu erwägen. War ich vielleicht in einer Kiste eingeschlossen oder in einen dunklen Schacht gefallen? Das schien mir unwahrscheinlich, denn in einem Schacht hätte ich von meiner unmittelbaren Umgebung wenigstens etwas erkennen können. Die Möglichkeit mit der Kiste schien mir beinahe die wahrscheinlichste. Aber wieso in einer Kiste? Da erinnerte ich mich der Geschichte eines Mannes, der scheinbar tot begraben werden sollte und der in dem Augenblick aus dem Todesschlaf erwachte, als man die Erde auf den Sarg zu schaufeln begann. Er schlug mit den Fäusten an den Sargdeckel und wurde im letzten Moment gehört und gerettet. War ich scheintot, durchfuhr es mich wie ein Blitz, wurde ich lebendig begraben? Ich konnte weder schreien noch meine Fäuste bewegen. Und wenn ich schon unter der Erde begraben lag, war alles Schreien und Schlagen ohnehin überflüssig. Ich versuchte diese Gedanken mit aller Kraft zu verdrängen, doch sie kehrten immer wieder zurück und versetzten mich in panische Angst. Wie eine Erlösung von diesen lähmenden Ideen erlebte ich wiederum ein Bild von üppigen, mit farbigen Blumen bewachsenen Wiesen, in deren Mitte ich stand und mich von warmem Licht überfluten ließ. Doch nicht lange, und eine Kraft zog mich mit Gewalt in die Finsternis zurück. Es war mir immer wieder so völlig unerklärlich, wie ich in hellem Licht volle Bewegungsfreiheit genießen konnte und kurz darauf zu keiner Bewegung fähig in der Dunkelheit lag. In diesem Zustand mußten viele Tage verstrichen sein, eine lange Zeit jedenfalls, und das beruhigte mich insofern, als mir die Möglichkeit, lebendig begraben zu sein, immer unwahrscheinlicher vorkam und ich schließlich diesen schrecklichen Verdacht ganz aufgab. Immer seltener und für immer kür-

zere Zeitabschnitte wurde ich in die Helligkeit gerufen, um dann immer längere Zeitabschnitte in Dunkelheit und Stille zu verbringen. Noch konnte ich rein nichts von meiner Umgebung wahrnehmen, alle meine Gedanken wurden blaß, und zurück blieb nur Leere.
Eine unendliche Zeit schien so verstrichen zu sein, in der ich umgeben von monotoner Finsternis dahinvegetierte. Plötzlich vernahm ich eine Stimme, und diesmal wußte ich sofort, daß es keine Illusion war. Ich hörte sie ganz unmittelbar neben mir. Mit krampfhafter Anstrengung versuchte ich zu verstehen, was sie sagte, doch ich begriff kein Wort. Ich hörte den Widerhall der Stimme, eine Bestätigung dafür, daß ich mich in einem Raum befand. Dann hörte ich Schritte und kurz darauf mehrere Stimmen, die in ein Gespräch verwickelt waren. Wieso sprachen sie im Dunkeln miteinander, wieso fiel es niemandem ein, das Licht anzuzünden? Da durchfuhr es mich wie ein Blitz: Ich war blind! Aber gerade noch stand ich auf der hellen Wiese und konnte alles sehen! Meine Gedanken gerieten völlig durcheinander. Auf einen Schlag kam mir die Erkenntnis meiner Lage ins Bewußtsein: ich war nicht nur blind, sondern auch stumm und gelähmt. Diese Gewißheit traf mich mit voller Wucht. Mein Gehirn arbeitete fieberhaft, doch es konnte keine Ursache für diesen Zustand finden. In vollem Bewußtsein begann ich mich auf meine Umgebung zu konzentrieren. Ich vernahm wieder eine Stimme aus allernächster Nähe, die immer dasselbe wiederholte, aber der Sinn der Worte entglitt mir. Jemand befeuchtete meine Lippen, und jetzt spürte ich

meinen quälenden Durst. Endlich schien jemand mein Verlangen nach Flüssigkeit bemerkt zu haben, aber ich erhielt immer noch nichts zu trinken. Doch es beruhigte mich ein wenig, daß sich jemand um mich kümmerte. Der unerträgliche Durst verursachte mir Halluzinationen.

Ich stand vor einer sprudelnden Quelle mit frischem klarem Wasser. Die Erscheinung verblaßte, aber gleich darauf stand ich vor einem hohen Springbrunnen, der in hohen Fontänen kühles Wasser versprühte. Diese Bilder blieben nur kurze Zeit. Aber niemand schien mein fast unstillbares Verlangen nach Wasser zu bemerken. Jetzt tauchte ich nur noch ganz selten in die hellen schönen Bilder. Verzweifelt versuchte ich, die kurzen Augenblicke festzuhalten. Das Schlimmste, wenn ich wieder auftauchte, war die Gewißheit, nichts sehen zu können, und die Befürchtung, dieser Zustand werde ewig dauern, war für mich erschreckend.

Unbegreiflich war mir erst recht, wieso ich nicht sprechen und mich nicht bewegen konnte. Träge strich die Zeit dahin. Immer öfter hörte ich Gespräche in meiner Nähe, vermochte aber immer noch nichts damit anzufangen. Dann fiel ich wieder zurück in Gedankenlosigkeit und eine alles beherrschende Leere, in der ein Tag wie ein Jahr schien und ein Jahr wie ein Tag.

Nach einer furchtbar langen Zeit in Furcht und Verzweiflung konnte ich eines Tages mit meinen Augen zwei winzige Lichtpunkte wahrnehmen. Es war mir, als ob mir jemand mit einer Nadel zwei kleine Öffnungen in die Augen gestochen hätte. Ich wußte, daß es Tages-

licht war, und dieser Augenblick kam für mich einem Erwachen aus langem tiefem Traum gleich. Mein Gemütszustand verbesserte sich fast schlagartig, und ich schöpfte neue Hoffnung.
Meine ganze Konzentration richtete ich nun auf die beiden Punkte. Ich mußte es schaffen, den Weg aus diesem endlos langen dunklen Tunnel zu finden. Dabei dachte ich kaum mehr daran, daß ich weder sprechen noch mich bewegen konnte. Ich konnte jetzt wenigstens den Tag von der Nacht unterscheiden. Unmerklich vergrößerten sich die Punkte.
Tage und Nächte verstrichen, und ich wartete ungeduldig darauf, endlich sehen zu können. Weitere Zeit verstrich, und die Punkte waren nun groß genug, daß ich meine Umgebung hätte sehen können, aber es war, als ob eine weiße Haut über den Pupillen gelegt wäre. Ich konnte Helligkeit von Dunkelheit unterscheiden, aber immer noch nichts sehen. Es war immerhin schon besser als die vorangegangene, unendlich lange Nacht. Wieder hörte ich Stimmen, die ich jetzt schon deutlicher zu unterscheiden vermochte. Ich spürte, wie jemand mich anfaßte und glaubte, kurz einen Schatten gesehen zu haben. Gleich darauf war alles wieder ruhig. Immer wieder beschäftigte mich die Frage nach der Ursache meines Zustandes. Alles war mir so unerklärlich und rätselhaft. Nach langer Zeit benetzte wieder jemand meine Lippen, doch die paar Tropfen erreichten meine ausgetrocknete Kehle nicht. Dann spürte ich, wie jemand meinen Kopf festhielt und einen Gegenstand mein Nasenloch hinaufzwängte, den Rachen

hinab bis weit in den Körper hinunter. Der schmerzhafte Vorgang wurde beim anderen Nasenloch wiederholt und dann dasselbe noch durch den Mund. Ich hatte das Gefühl zu ersticken, mir wurde übel, und ich spürte Atemnot. Das Schlimmste war, daß ich nicht wußte, was mit mir vorging und was ich noch alles zu erwarten hatte. Erst viel später kam ich darauf, daß dieser unangenehme Gegenstand in meinem Rachen ein Schlauch war. Mein trockener Hals schmerzte. Ich versuchte mich zu erinnern, wann ich das letzte Mal etwas getrunken hatte. Es mußte sehr lange Zeit her sein. Offenbar hatte jemand meinen verzweifelten Durst bemerkt und benetzte mir wieder die Zunge.

Tage und endlose Nächte vergingen ohne die geringste Veränderung meines Zustandes, bis ich irgendwann einmal Stimmen von vermutlich älteren Männern hörte, die sich in englischer Sprache unterhielten. Ich spürte ihre Anwesenheit, obwohl ich immer noch nichts sah. Plötzlich verstand ich, was sie sagten:

„Schade um den jungen Mann, man sagte mir, er habe den Verstand verloren". Sie sprachen von mir! „Glaubt ihr, daß er uns hören kann?" fragte eine andere Stimme. „Nein, der kann nichts mehr auffassen", kam augenblicklich die Antwort. Ein anderer mischte sich ins Gespräch: „Wo werden sie ihn wohl hinbringen, man kann ihn doch nicht hierbehalten?" Ich wollte laut aufschreien, doch brachte ich keinen Laut hervor. Das Gespräch hatte mich im Innersten getroffen. Ich wollte den Männern zu verstehen geben, daß ich aufnahmefähig war. Doch wie? Sie mußten glauben, ich sei geistig umnachtet, und ich faßte den Entschluß, alles zu unternehmen, um dieses Mißverständnis aus dem Weg zu räumen.

Hin und wieder hatte ich klarere Momente. Unzählige farbige kleine Punkte flimmerten unaufhaltsam vor meinen Augen, aber zurück blieb immer wieder der undurchdringliche weiße Schleier. Die farbigen Punkte betrachtete ich jedoch als eine eindeutige Verbesserung meines Zustands, sie gaben mir Hoffnung. Wieder einmal hörte ich Stimmen. Kein Zweifel, es waren diejenigen meiner Mutter und meines Bruders. Sie sprachen auf mich ein, aber trotz größter Aufmerksamkeit verstand ich nicht, was sie sagten. Nach einiger Zeit entfernten sie sich, und ich lag wieder allein da. Ich wußte jetzt weniger denn je, wo ich mich befand und was mit mir los war. Erst die englische Konversation und dann die Stimmen meiner Angehörigen! Das erschien mir unvereinbar. Die Ungewißheit über meinen Zustand wurde langsam zermürbend. Ich war abgestumpft und empfand weder Schmerzen noch Gefühlsregungen. Oft hatte ich jetzt das Gefühl, mir könne niemand mehr helfen, und es unternehme auch niemand etwas. Seit einer Ewigkeit lag ich hier in der Einsamkeit, und ich sehnte mich danach, sorglos über eine Wiese mit schönen Blumen zu schlendern. Doch solche Wünsche gingen nicht mehr in Erfüllung. In meinem übermächtigen Bedürfnis, mich mit jemandem zu verständigen, lag ich stumm und reglos da.

Eines Tages nahm jemand meine Hand und fragte mich, ob ich wisse, was mit mir geschehen sei. Endlich kam jemand auf die Idee, mir meine drückende Ungewißheit abzunehmen! Die Stimme fragte, ob ich sie verstehen könne. Wenn dies zutreffe, solle ich versuchen, für ein Ja einmal, für ein Nein zweimal mit den Augen zu zwinkern. Welch gute Idee! Ich war überglücklich. Das Augenzwinkern war die einzige Möglichkeit, mich zu verständigen. Es war, als würde mir eine ungeheure Last abgenommen. Die bescheidenste Möglichkeit zu einer Verständigung war für mich ein Riesenschritt vorwärts. Sofort nahmen wir die eigenartige Konversation auf. „Möchtest du wissen, was mit dir geschehen ist?" Ungeduldig zwinkerte ich mit den Augen. „Du bist mit einem Messer niedergestochen worden, und der Stich traf dein Herz. Du hast eine schwere Operation hinter dir, es ist ein Wunder, daß du noch lebst." Weiter berichtete die Stimme, zwei Tage nach der Operation sei Blut in mein Gehirn gedrungen, ich sei deshalb lange Zeit im Koma gelegen und deshalb jetzt gelähmt, blind und ohne Sprache.

Ich war maßlos verwirrt. Hatte ich richtig verstanden. Ich mußte erfahren, ich läge seit mehreren Wochen im Spital im südlichen Teil Londons. Ich suchte in meinen Erinnerungen. Aussichtslos. Ein schwarzes Loch. Die Stimme fragte mich, ob ich wisse, was heute für ein Tag sei. Zweimal schloß ich die Augen. Wie sollte ich so etwas wissen? Ich hatte auch keine Ahnung, in welchem Jahr wir uns befanden. „Heute ist Weihnachten", sagte die Stimme. Wie? Weihnachten, wie war das möglich? Aber ich konnte ja keine Fragen stellen. Dann teilte mir die Stimme mit, mit meinem Herzen hätte es Kompli-

kationen gegeben, ich würde in den nächsten Stunden erneut operiert. „Hast du Angst davor?“ Wie sollte ich Angst haben! Angst nach all der Furcht und dem Grauen, das ich ausgestanden hatte!? Es war eine überraschende Frage. Eigentlich war ich mir nicht im klaren, ob ich Angst haben sollte. Ich verneinte die Frage, was konnte an meinem Zustand noch schlimmer werden? Bisher hatte ich keine körperlichen Schmerzen verspürt und von der Operation nichts mitbekommen. Vielleicht brachte die Operation sogar eine Verbesserung meines Zustandes, und ich würde wieder sprechen, sehen und mich bewegen können. Die Stimme besänftigte mich: „Es wird schon alles gut werden.“ Ich hörte an den Schritten, daß sie sich entfernten. Ich brauchte Zeit, um das Vernommene zu verkraften. Endlich hatte ich auf meine wichtigste Frage eine langersehnte Antwort bekommen, und jetzt gab es auch einen Weg zur Verständigung. Was ich nicht verstand, war die Tatsache, daß alles Geschehene in meinem Gedächtnis vollkommen ausgelöscht war. Das beunruhigte mich.
Schritte näherten sich. Es mußten zwei Personen sein. Ihrem Gespräch entnahm ich, daß sie Vorbereitungen für die bevorstehende Operation trafen. Jemand ergriff meinen Arm, und ich spürte kurz aufeinanderfolgend zwei Einstiche, die zwar unangenehm, aber nicht besonders schmerzhaft waren. Eine lähmende Ruhe schlich in mir hoch, die mein Denken einschläferte. Ich blieb aber wach. Obwohl ich nicht denken konnte, war ich aufnahmefähig. Jemand flüsterte: „Glaubst du, daß er uns noch hören kann?“ „Nein, er schläft tief“, erwi-

derte die andere Stimme, „ich glaube, diesmal kann ihm nicht mehr geholfen werden. Die Ärzte sagen, seine Chancen, die nächste Operation zu überleben, seien sehr gering. Es ist überhaupt ein Wunder, daß er noch am Leben ist. Wo glaubst du, daß sie ihn beerdigen?“ Ich spürte, wie jemand meinen Arm hob und ihn an meinen Körper legte, dann entfernten sich die Schritte, und ich schlief ein. Es war kein tiefer Schlaf, mehr ein Dämmerzustand. Immer wieder erwachte ich für kurze Zeit. Etwas sträubte sich in mir gegen das Einschlafen.
Vielleicht war es das Gespräch von vorhin. Eisige Kälte riß mich aus dem Dämmerzustand. Eine Schwester sagte: „Ich glaube, ihm ist kalt, wir sollten eine Decke über ihn legen.“ Doch eine Männerstimme antwortete: „Das ist nicht nötig. Ich glaube nicht, daß er die Kälte spürt. Die Vorbereitungen sind bald beendet.“ Ich war frustriert, daß ich nicht sagen konnte, wie kalt mir war, denn ich hatte das Gefühl, auf einem Eisklotz zu liegen. Ich spürte, wie die Vorbereitungen im vollen Gange waren, an verschiedenen Stellen meines Körpers empfand ich unangenehme dumpfe Gefühle, als würden Drähte in mich hineingestoßen. Meine Augenlider waren schwer wie Blei. Kurz öffnete ich die Augen einen Spalt weit und sah verschwommen mehrere grünbekleidete Gestalten, die sich über mich beugten. Mir war unbehaglich. Ich hoffte, sie würden bemerken, daß ich noch nicht schlief. Ich fürchtete, im halbwachen Zustand operiert zu werden. Dann spürte ich mehrere Einstiche im Arm, litt unter der eisigen Kälte und war

erleichtert, als der Arzt sagte: „Die Vorbereitungen sind beendet, jetzt bekommt er die letzte Spritze.“ Nach der folgenden Injektion fühlte ich eine überwältigende, unwiderstehliche Müdigkeit und überließ mich dem Schlaf.

Das erste, das ich verschwommen wahrnahm, als ich aus tiefem Schlaf erwachte, war der Anblick eines jungen Mädchens, das sich über mich beugte. Sie sagte zu jemandem: „Phantastisch, die Arbeit, die sie an ihm vollbracht haben. Unglaublich, daß er das überlebte.“ Die Worte verwirrten mich. Was meinte sie mit „überlebt“? Doch ich schlief sogleich wieder ein. Ich wußte noch nicht, was mich erwartete. Jetzt fingen die Alpträume und Halluzinationen erst an – als Nachwirkung der Narkose –, sie waren völlig anderer Natur als die Vision. Ich erwachte mit einem stechenden Schmerz am linken Fuß, der sich über die ganze Ferse ausdehnte. Das Bett war viel zu kurz, so daß meine Füße gegen die metallene Bettstelle stießen, wenn ich mich ausstreckte. Sie waren während des langen Schlafs wund geworden. Da es mir immer noch unmöglich war, zu sprechen und die Schwester meine Wunde nicht bemerkt hatte, erlitt ich unsägliche Schmerzen. Es mußte wohl Nacht sein, als ich erwachte, denn nur eine Kontrollampe erhellte den Raum schwach. Nach einiger Zeit näherten sich Schritte. Es war die Nachtschwester, die sich nach meinem Befinden erkundigte. Natürlich wußte sie, daß ich nicht antworten konnte. Aber warum sah sie die Verzweiflung in meinem Blick nicht, die durch den schmerzenden Fuß verursacht wurde?

Ich brachte nur einen schwachen gurgelnden Laut hervor. Sie verstand nicht und meinte: „Ja, ich verstehe, es wird alles wieder gut werden.“ Sie konnte nicht wissen, daß die Wunde am Fuß mehr schmerzte als die Operationswunde.

Einer meiner kleinen Fortschritte bestand darin, daß ich langsam und unkontrolliert meine Beine ein wenig anheben konnte. Doch auch das genügte nicht, um die Aufmerksamkeit der Schwester auf meinen Fuß zu lenken. Sie entfernte sich wieder, und ich hörte, wie sie zu jemandem sagte: „Er ist aufgewacht“, dann hörte ich ein Klicken, woraus ich schloß, daß sie telefonierte. Etwas später stand sie wieder neben meinem Bett und redete ermutigend auf mich ein. Ich wußte nicht, wo ich den Fuß hinlegen sollte, denn was ich auch immer tat: die Schmerzen waren unerträglich. Bald darauf versammelten sich mehrere Ärzte um mich, die ich nur als dunkle Umrisse wahrnahm. Sie murmelten unverständliche Worte. Warum flüsterten sie? Wollten sie, daß ich nichts verstand? Was hatten sie mir zu verheimlichen, war etwas schiefgegangen? Sie untersuchten mich auch nicht; sie standen bloß da und unterhielten sich. Als sie sich entfernten und den Raum verließen, hörte ich einen der Ärzte zur Nachtschwester sagen: „Wir können ihm nicht weiterhelfen.“

Diese Worte lösten in mir schreckliche Alpträume aus. Beunruhigt begann ich zu überlegen, was bei der Operation schiefgegangen sein könnte. Noch benommen von der Narkose, begann ich mit starren Fingern und großer Mühe meinen Körper abzutasten. Nach langem

Suchen glaubte ich den Grund gefunden zu haben: ein weiches Fell unter meinem Hinterteil. Es gelang mir das Fell zu ergreifen, doch schien es fest mit mir verwachsen zu sein. Was hatten die nur mit mir gemacht? Ich geriet in Panik und versuchte verzweifelt, das Fell zu entfernen, was sich aber vor allem mit meinen ungelenken Händen nicht machen ließ. Wieso hatten sie das Fell während der Operation nicht entfernt? War dies gar nicht mehr möglich? Rationales Denken war mir unmöglich geworden, und ich steigerte mich in immer größere Angstzustände hinein. Nach vergeblichen Versuchen, die Schwestern auf mein Problem zu lenken, wurde schließlich meine Freundin darauf aufmerksam. Mit ihr hatte ich inzwischen eine Methode entwickelt, mit Händedruck auf Fragen zu antworten. Es brauchte unendliche Geduld, bis sie endlich die Ursache meiner Angst verstand, und erleichtert vernahm ich dann, daß das Fell an meinem Hinterteil befestigt worden war, weil ich so wund war, daß ich nicht auf einem normalen Laken liegen konnte. Noch oft und während langer Zeit hatte ich die verschiedensten Angstzustände, auch nachdem ich nicht mehr auf der Intensivstation, sondern im Krankensaal lag. Diese Art Halluzinationen waren aber keinesfalls mit dem starken Erlebnis meiner Vision vergleichbar. Wenn morgens im Krankensaal die Lichter eingeschaltet wurden, vergingen immer mehrere Stunden, bis ich meine unmittelbare Umgebung einigermaßen, wenn auch stark verschwommen, wahrnehmen konnte. Obschon sich nur sehr langsam Fortschritte bemerkbar machten, beobachtete ich doch

jede Einzelheit mit größter Aufmerksamkeit. Die Genesung schritt langsam voran, aber ich kam zur festen Überzeugung, daß ich wieder vollkommen gesund werden würde. Ich wollte wieder völlig genesen.
Jeden Morgen vor dem Frühstück wurde ich in einen Ledersessel neben meinem Bett gesetzt, dann wurde mir das Essen eingeflößt. Erst gegen Mittag begann der weiße Schleier vor meinen Augen zu schwinden, verzerrt und verschwommen konnte ich jetzt immer mehr Einzelheiten des Saals, in dem ich lag, unterscheiden. Ich hatte mir bereits ein kleines Gymnastikprogramm zusammengestellt, das ich alle zwei bis drei Stunden durcharbeitete. Ich benötigte lange Ruhepausen, um mich zwischen den einzelnen Übungen zu erholen. Es ging darum, mein Muskulatur, die vollkommen geschwunden war, langsam wieder aufzubauen. Ich versuchte, meine Beine, eines nach dem andern, hochzuheben und meine Arme nach oben und seitwärts zu strecken. An den Seitenlehnen meines Sessels versuchte ich mich hochzustemmen, um meine Armmuskulatur neu zu bilden. Es konnte keine Rede davon sein, mich aus dem Stuhl zu erheben. Mein Gehirn gab keine entsprechenden Befehle mehr und ich konnte mir dies auch kaum mehr vorstellen. Es war, als ob ich am Sessel angeklebt wäre. Viel später wurden meine Geduld und Ausdauer belohnt, indem es mir gelang, mich ganz wenig vom Sessel zu erheben. Dieser Fortschritt gab mir einen riesigen Anstoß und verstärkte den Glauben an meine Genesung. Täglich wurde ich von meinem Physiotherapeuten behandelt, und nach

monatelangen Übungen am Boden stellte er mich eines Tages ganz kurz, nur um mir das Gefühl zu geben, auf eigenen Beinen zu stehen, an einen Metallrahmen. Ich mußte mich unverzüglich wieder setzen. Das Gefühl zu stehen, erschreckte mich. Da wurde mir bewußt, was mir alles noch bevorstand, bis ich wieder auf meinen Beinen gehen konnte. Ungeduldig erwartete ich den Augenblick, an dem ich endlich wieder ein Wort sprechen könnte. Tausende von Fragen hatten sich seit Monaten aufgestaut und brannten mir auf der Zunge.

Neu zu leben lernen

Eines Abends wurde einem neuangekommenen Mann, er mochte um die Siebzig sein, das Bett neben mir zugewiesen. Wortlos und traurig saß er auf der Bettkante und starrte mich an. Angst und Unbehagen standen ihm ins Gesicht geschrieben. Während der Nacht wurde an meinem Bett ein Metallgitter hochgeklappt; der Grund dazu wollte mir nicht einleuchten, denn ich konnte mich kaum bewegen. Der Mann sah mich verwundert an, aber ich brachte immer noch kein einziges Wort zustande. Auch meine Sehkraft war noch stark eingeschränkt, obwohl es jetzt längere Momente gab, in denen ich meine Umgebung durch den dichten weißen Schleier, der vor meinen Augen lag, etwas besser wahrnehmen konnte. Wenn ich einen Gegenstand fixierte, dauerte es jeweils längere Zeit, bis ich ihn verschwommen erkennen konnte. Der alte Mann hatte sich inzwischen umgezogen und ins Bett gelegt. Kurz danach traten zwei Ärzte und die Oberschwester an sein Bett. Ihrem Gespräch entnahm ich, daß ihm eine Herzoperation bevorstand und ihm ein Schrittmacher eingepflanzt werden mußte. Die Operation war auf den nächsten Tag in der Früh vorgesehen.
Nun wurde im Aufenthaltsraum das Abendessen aufgetragen. Alle Patienten, die das Bett verlassen konnten, schlurften stöhnend dem Eßraum zu, es waren lauter Männer mit schweren Herz- und Nierenoperationen, einige litten an Krebs. In den Betten blieben außer mir ein schwer krebskranker Mann, von dem man wußte,

daß er diesen Raum nicht mehr lebend verlassen würde, und mein neuer Bettnachbar, der an diesem Abend nur eine Tasse Tee zu trinken bekam. Dann war auch meine Mahlzeit bereit. Zwei Pfleger hoben mich aufrecht in den Sessel. Innerhalb sechs Wochen, davon vier Wochen im Koma, war mein Gewicht von vierundsiebzig auf zweiundfünfzig Kilo gesunken, da ich die ganze Zeit künstlich ernährt worden war. Jetzt wurde mir das Essen eingeflößt, und zwar so klein zerhackt, daß ich nur eines wußte: es schmeckte mir nicht. Doch ich hatte keine Wahl, denn für mich galt: „Vogel friß oder stirb!"

Den Aufenthaltsraum bildete der hintere Teil des Schlafsaals; er war nur durch eine dünne Holzwand vom Schlafsaal abgetrennt, deren obere Hälfte aus dikken, undurchsichtigem Milchglas bestand, welches nachts nur einen matten Lichtschimmer durchließ. Ich hörte, wie sich die Männer über ihre Operationen und über ihre Angehörigen unterhielten; sie malten sich ihr erstes Essen nach der Entlassung aus dem Spital aus. Nach dem Nachtessen wurde der Fernsehapparat eingeschaltet, und die nicht endenwollende Fernsehserie „Crossroads" flimmerte wie immer über den Bildschirm. Ich wünschte mir sehnlichst, endlich wieder sehen zu können. Wenn ich lesen oder schreiben könnte, wäre mein tägliches Dasein doch etwas erträglicher. Später schlurfte einer nach dem anderen zurück und legte sich ins Bett. Die Schwestern von der Tagesschicht verabschiedeten sich und wurden durch die Nachtschwestern abgelöst. Medikamente und Schlafmittel wurden verteilt. Ich erhielt eine Spritze in den Bauch, die letzte von vier innerhalb vierundzwanzig Stunden. Die erste wurde mir jeweils um vier Uhr morgens verabreicht. Nächtelang lag ich wach. Niemand bemerkte es. Durch verzweifelte Laute versuchte ich die Schwestern auf meine Schlaflosigkeit aufmerksam zu machen. Doch sie glaubten, ich hätte Schmerzen und gaben mir mit beruhigendem Zuspruch schmerzstillende Medikamente, die ich voller Wut und Verzweiflung sofort wieder ausspuckte. Es schien mir immer, für die Schwestern sei es das wichtigste, sich so rasch wie möglich wieder in ihren Glaskasten zurückziehen zu können. Nach Wochen nahm eines Nachts eine neue Schwester den Dienst in unserer Abteilung auf, und sie bemerkte sofort, daß ich wach dalag. Von nun an bekam ich jeden Abend zu den anderen Medikamenten hinzu noch zwei Schlaftabletten, die mich meist sogleich in tiefen Schlaf versinken ließen. Auch die anderen Patienten waren erleichtert, daß ich ihren Schlaf nicht mehr durch mein Stöhnen störte.

In der Früh wurde ich jeweils durch einen Stich in den Bauch geweckt, es war die erste Spritze, die mir zu Tagesbeginn verpaßt wurde. Jeden Morgen wurde ich wütend, daß man mich nicht vorher geweckt hatte. Die Schwester schlug einfach das Bettuch zurück und schon steckte sie die Nadel in meinen Bauch. Dazu sagte sie immer denselben Spruch: „Es ist ja nicht halb so schlimm, oder?" Hätte ich auch nur einige Worte sprechen können, so wäre ich ihr die Antwort nicht schuldig geblieben! Mitten im tiefsten Schlaf eine

Spritze zu bekommen, das hielten sie für nichts Besonderes!
Ich lag an diesem Abend noch wach im Bett, die Lichter waren bereits abgeschaltet bis auf einige Kontrolllampen, die den großen Saal in ein schwaches Dämmerlicht tauchten. Im Halbdunkel konnte ich besser sehen, weniger verschwommen als am Tag. Zu meiner Linken standen zwanzig Betten mit alten Männern. Ich kam mir vor wie in einem Altersheim. Rechts fehlte das Bett mit dem Neuankömmling. Sie mußten ihn abgeholt haben, während ich schlummerte. Ich hatte nichts davon bemerkt. Es wurde noch eine Tasse Tee verteilt, dann trat Ruhe ein. Einige wünschten sich eine gute Nacht, andere hatten das Bedürfnis, ihre Eingeweide von den Luftblasen zu befreien. Sie fanden das ungeheuer komisch, und das Gelächter steckte mich manchmal an, obwohl mir dieses dröhnende Konzert immer unangenehmer wurde. Ich besaß überhaupt keine Muskulatur mehr, so daß meine körperlichen Funktionen unmöglich geworden waren. Mich beschäftigte die Spritze vom kommenden Morgen, welche mich jeden Tag schockartig aus dem Schlaf riß. Im Glaskasten, der gleichfalls als Schreibzimmer der Schwestern diente und von dem aus sie den ganzen Krankensaal überblikken konnten, gewahrte ich die zwei Pflegerinnen im schwachen Licht. Eine schlief, und die andere las. Einige Männer schnarchten laut. Ich schloß die Augen, froh, daß wieder ein trostloser Tag zu Ende gegangen war.
Frühmorgens blendete mich das grelle Licht der Neon-

lampen. Dunkle Schatten huschten hin und her, Lärm drang aus den Waschräumen, den Toiletten und der Küche. Diese Räume lagen beidseits des Korridors vor dem Krankensaal und waren von diesem bloß durch eine Türe getrennt, die nur unmittelbar vor der Besuchszeit geschlossen war. Es ging laut zu und her. Einer pfiff, ein anderer sang eine Opernmelodie und wiederholte sie, bis ihm die Luft ausging. Ich saß bereits in meinem Ledersessel, in dem ich täglich zwölf Stunden verbrachte und der mir immer unangenehmer wurde. Zu dieser Zeit konnte ich mich keinen Millimeter vom Sessel erheben und war wie festgeklebt. Mein Gesäß war wund und schmerzte ständig, trotz eines Schaumstoffrings, den man mir untergeschoben hatte. Mit den Schmerzen hatte ich mich bereits abgefunden, war aber dennoch jeden Abend froh, wenn die Pfleger mich wieder ins Bett legten. So wartete ich vor mich hindämmernd auf mein Frühstück, eine Tasse Tee und einen Teller Porridge. Geduldig löffelte mir die Schwester den Brei ein, dann wurde ich gewaschen und rasiert. Meine Gedanken wanderten zu meiner Freundin, die mich täglich besuchte, und in meine Vergangenheit. Vor wenigen Monaten noch stand ich im grellen Scheinwerferlicht auf den größten Bühnen der Welt. Ich hatte das Ziel meiner Karriere erreicht. Jetzt saß ich da, Tag für Tag, mußte wie ein Säugling gefüttert werden und war nicht imstande, ein einziges Wort hervorzubringen. Meine Vergangenheit erschien mir wie ein Traum und die Gegenwart wie ein Alptraum. Einmal würde ich aus diesem schlimmen Traum erwachen, in

dem Augenblick, da ich dieses Spital würde verlassen können.
Ein Lärm schreckte mich aus meinen Gedanken. Mein Bettnachbar wurde auf einer Bahre in den Saal geschoben und in das für ihn vorbereitete Bett gelegt. Es war Tag geworden, die Lampen wurden ausgeschaltet. Das Tageslicht war etwas angenehmer als die Neonlichter, und ich bekam besser mit, was um mich herum geschah. Aus der Brust meines Nachbarn ragte ein grüner Schlauch, dessen Ende in einer Flasche mündete, die neben seinem Bett auf dem Boden stand. Ein anderer Schlauch steckte in seiner Nase und diente der Nahrungsaufnahme. Ein Pfleger beugte sich über mich und meinte: „Der schläft noch lange."
Es war Mittag geworden, und man begann mir eine Suppe einzugeben. Ihr Geschmack war zwar undefinierbar, aber es war das einzige, was mir noch einigermaßen schmeckte. Vom übrigen Essen brachte ich keinen Bissen mehr hinunter. Da zu jener Zeit die Transportarbeiter in England streikten und die Spitäler nur noch spärlich beliefert wurden, begann das Essen ungenießbar zu werden. Ich weigerte mich, zu essen; kaum versuchte ich, etwas hinunterzuwürgen, hatte ich das Gefühl, mich übergeben zu müssen. Ich war froh, wenn die Schwestern es aufgaben, mich zum Essen zu zwingen und mit den Schüsseln verschwanden. Geduldig wartete ich auf die Besuchszeit. Ich wußte, daß es da immer etwas Eßbares für mich gab. Endlich saß meine Freundin auf dem Stuhl neben mir, und unser eigenartiges Gespräch begann. Auf ihre Fragen antwortete ich

mit Händedruck oder mit Augenzwinkern. Die erste Möglichkeit zur Verständigung, die wir gefunden hatten, war die mit den Augen. Jetzt konnte ich mit leichtem Händedruck antworten, was die Gespräche bereits etwas erleichterte. Manchmal brauchte ich lange, um ihr mein Anliegen verständlich zu machen. Immer wieder wurden mir Zeitungen vorgelegt, und ich hatte große Mühe, dem Pflegepersonal zu bedeuten, daß meine Augen die Buchstaben auf dem Papier nicht wahrnehmen konnten. Später brachten sie mir einen großen Karton mit Zeichnungen und kurzen Sätzen. Sie dachten, die übergroße Schrift würde ich bestimmt lesen können. Die Therapeutin las mir verschiedene Sätze vor und verlangte, daß ich ihr dieselben auf dem Karton zeigen solle. Die Sätze wären für mich von großer Bedeutung gewesen, wenn da stand: „Mir ist. Es juckt mich. Ich habe Hunger. Ich habe Durst." Aber es war mir unmöglich, auf dem Karton irgendwelche Zeichen zu erkennen; alles, was ich sehen konnte, waren kleine schwarze Flecken.

Ich war sicher, daß die Pfleger glaubten, ich hätte nicht alle Tassen im Schrank, und die Besucher der Mitpatienten mußten das auch annehmen, wenn sie an meinem Bett stehen blieben. Schon lange machte ich mir nichts mehr daraus und fand es sogar manchmal amüsant. Ein anderes Problem beschäftigte mich: ich konnte nicht gähnen und hatte doch stets das Bedürfnis danach. Immer noch hatten mich die Ärzte nicht über meinen Zustand aufgeklärt, und die Frage, ob ich je wieder würde sprechen und gehen können, jagte mir oft Angst ein. Niemand hatte mir bis jetzt erklärt, wieso ich nicht sprechen, nicht sehen und mich nicht bewegen konnte.

Oftmals fühlte ich mich einsam, denn nur wenige Patienten nahmen sich die Mühe, mich anzusprechen. Vielleicht glaubten sie, ich verstünde sie nicht oder bei mir sei eine Schraube locker. Manchmal, wenn ich laut herauslachen mußte, klang es wie ein lautes Röhren, das sogar Tarzan hätte erbleichen lassen, und alle Patienten und Besucher drehten sich nach mir um. Ich versuchte meiner Freundin klarzumachen, daß sie die Patienten und Besucher davon abbringen solle, mir Zeitschriften vorzulegen, die ich doch nicht lesen konnte.

Die Angehörigen verließen den Saal, einige Patienten begleiteten sie bis zum Ausgang. Ich war wieder allein und versank in meine Gedankenwelt. Schon lange kannte ich keine Langeweile mehr und versuchte mir auch nicht vorzustellen, wie es außerhalb dieses Saales aussehen könnte. Meine Empfindungen waren abgestumpft und verdorrt; meine Welt war der Ledersessel, in den ich verbannt war. Doch mein innerer Drang, mein Wille zum Gesundwerden trieben mich voran. Immer fleißiger versuchte ich mich zu bewegen, und von Zeit zu Zeit wurden meine Anstrengungen belohnt, wenn ich wieder einen kleinen Erfolg erzielte, der mich von neuem anspornte. Ich setzte mir immer neue, kleine Ziele, an deren Verwirklichung ich mich klammerte. Mein größtes Ziel war zur Zeit, mich aus dem Sessel zu erheben, um das Spital zu verlassen. Ich versuchte, meine Lage ganz nüchtern zu beurteilen und wußte deshalb genau, daß dieser Tag noch in weiter Ferne lag. Aber ich zweifelte nie daran, daß ich es einmal schaffen würde.

Der Tag ging seinem Ende zu. Die Pflegerinnen versuchten, meinen Bettnachbarn zu wecken, um ihm etwas Tee einzuflößen. Es gelang ihnen nicht, er lag immer noch in tiefem Schlaf. Ich lauschte seinen tiefen regelmäßigen Atemzügen und konnte mir nicht vorstellen, daß er in den nächsten Stunden erwachen würde. Die Lichter wurden zurückgeschaltet, die Nachtschwestern nahmen ihren Dienst auf. Ich sah, wie sie sich unterhielten. Viele der Männer um mich herum begannen zu schnarchen, und ich hatte Mühe, einzuschlafen.

Ich mußte dennoch eingeschlafen sein, denn plötzlich wurde ich durch einen Riesenknall geweckt: Mit einem Ruck war ich hellwach und zitterte vor Schreck, als wäre ich von einem Schüttelfrost befallen. Ich richtete meinen Blick dorthin, wo der Lärm hergekommen war. Da stand der alte Mann, der eben noch tief und friedlich geschafen hatte, neben dem Schreibzimmer der Schwestern vor der Glaswand, die zum Ausgang führte. In seiner rechten Hand hielt er die Glasflasche, die zuvor neben seinem Bett gestanden hatte, und zertrümmerte damit die Scheiben. Scherben flogen umher, und ich wunderte mich, woher dieser alte Mann, der soeben operiert worden war, solche Kraft und Energie nahm. Er war total ausgeflippt. Ein makabrer Anblick: aus dem Brustkasten ragte der grüne Schlauch, und er schrie so laut er konnte: „Mörder, ihr seid alle Mörder,

ihr wollt mich umbringen." Die Pflegerinnen hatten Verstärkung angefordert, und mehrere Ärzte und Pfleger eilten aus anderen Abteilungen herbei. Verschreckt berieten sie, was zu tun sei. Der Mann schlug noch einmal in die Scheiben und ließ dann davon ab.
Plötzlich stand er mitten im Raum, zwischen den Betten. In der einen Hand hielt er die Flasche, mit der anderen versuchte er mit aller Kraft, sich den grünen Schlauch aus dem Brustkasten zu reißen. Immer noch standen die Ärzte und Pfleger ratlos herum; der Mann drohte, jeden, der sich ihm nähern würde, mit der Flasche zu erschlagen. Noch immer bemühte er sich, den Schlauch aus seiner Brust zu entfernen. Ein Arzt nach dem anderen versuchte den Mann zu beruhigen; man erklärte ihm, er bliebe nur noch wenige Stunden am Leben, wenn er den Schlauch entfernen würde. Er ließ sich nicht beeindrucken und schrie: „Ich lege mich selber um, bevor ich mich von euch ermorden lasse." So ging es hin und her, bis plötzlich eine Wende eintrat. Voller Schrecken sah ich, wie der Mann auf mein Bett zusteuerte. Panische Angst ergriff mich. Immer noch standen die Ärzte und Pfleger ratlos da, und niemand unternahm etwas. Sie blieben völlig tatenlos und wußten doch, daß ich absolut wehrlos war. Schon stand er am Bett und beugte sich über das Gitter, das für die Nacht hochgeklappt war. Ich starrte auf die Flasche in seiner Hand. Was wollte er von mir? Er war von Sinnen, und ich hatte Angst, er würde jeden Augenblick auf mich einschlagen. In seinem irren Blick las ich, daß er unberechenbar war und nicht mehr wußte, was er

tat. Ich war ihm ausgeliefert, ich brodelte innerlich vor Angst, und ein nie gekanntes Gefühl der Wehrlosigkeit raubte mir den Atem. Hilflos lag ich auf dem Rücken, in der Gewißheit, daß es mir unmöglich war, seinem Schlag auszuweichen. Nicht einmal ein kleines Zeichen konnte ich ihm geben, alles sei in Ordnung. Plötzlich begann er eindringlich auf mich einzureden. Ich verstand kein Wort. Doch er wiederholte immer wieder denselben Satz, und schließlich begriff ich: „Weißt du, was sie mit dir vorhaben, weißt du es?“ schrie er mich an. „Sie wollen dich umbringen, diese Mörder, vergasen wollen sie dich, die Schläuche sind schon angeschlossen.“ Damit meinte er einen Schlauch, der unter meiner Bettdecke hervorragte. Aus seinen feurigen Blicken sprach, daß er überzeugt war von dieser Meinung. Ich hatte keine Möglichkeit, ihm zu antworten. Er drehte sich zu den immer noch ratlos herumstehenden Ärzten und brüllte: „Umbringen wollt ihr uns, ihr Mörder, umbringen!“ Dann wandte er sich wieder zu mir und sagte: „Ich hole unsere Kleider, wir hauen ab, hier bleiben wir nicht, ich nehme dich mit!“ Fluchend bahnte er sich einen Weg durch die Ärzteschar, dem Ausgang zu. Plötzlich fiel er zu Boden und blieb reglos liegen. Der ist tot, dachte ich. Ärzte und Pfleger eilten hinzu, untersuchten ihn und stellten erleichtert fest, daß er nur ohnmächtig geworden war. Er bekam einige Spritzen, wurde wieder in sein Bett gelegt, wo er tief weiterschlief. Eine Pflegerin kam zu mir ans Bett, klappte das Gitter herunter und hielt in der Hand eine Spritze, die, wie sie mir sagte, zu meiner Beruhigung bestimmt sei. „Du mußt wohl große Angst ausgestanden haben“, sagte sie, aber was ich tatsächlich in diesen Augenblicken empfunden hatte, konnte sie nicht wissen. Die Wirkung der Spritze begann sich bald bemerkbar zu machen; müde nickte ich ihr zu und schlief ruhig ein.

Es vergingen viele Tage, bis es mir unerwartet gelang, einen artikulierten Laut hervorzubringen. Für mich war das ein großes, langerwartetes Ereignis, aber zu meiner Enttäuschung entging es dem Pflegepersonal. Die Silbe war zu unklar und verzerrt hervorgekommen, daß niemand bemerkt hatte, daß es eine solche war. Aufgeregt und überglücklich über meinen Fortschritt, versuchte ich den Laut zu wiederholen. Es war ein O. Meine Stimmbänder, meine Zunge, meine Lippen waren bis zu diesem Zeitpunkt gelähmt gewesen. Endlich erhielt der tägliche Sprachunterricht einen Sinn für mich. Nach langen, mühsamen Anstrengungen gelang es mir einige Wochen später, ein paar Buchstaben zusammenzufügen und stotternd mein erstes Wort zu sprechen. Es wurde auch nur von wenigen verstanden, aber mir gab es die Überzeugung, daß meiner Genesung jetzt nichts mehr im Wege stand, und ich arbeitete noch unermüdlicher.

Die Art, wie sich dieser Fortschritt bemerkbar gemacht hatte, zeigte mir wieder klar, wie lang der Weg, den ich zurückzulegen hatte, noch sei. Alle die kleinen alltäglichen Selbstverständlichkeiten mußte ich neu erlernen. Ich war immer wieder selber erstaunt, daß ich mich beispielsweise nicht erinnern konnte, wie man die Zähne

putzte oder wie man eine Gabel in der Hand hielt. Tief eingeprägt in meinem Gedächtnis blieb jedoch die Vision, die ich im Koma erlebt hatte, meine Reise durch das Jenseits. Manchmal hatte ich das Gefühl, als läge sie schon Jahre zurück, und andererseits schien es mir, erst gestern sei ich an all den vielen verschiedenen Orten gewesen. Doch alle Ereignisse waren in kleinsten Einzelheiten und mit erstaunlicher Klarheit in mir wach geblieben, und ich fühlte, daß ich das Erlebnis dieser Vision eines Tages würde niederschreiben müssen.
Nach langer harter Therapie am Boden wurde ich jetzt immer häufiger an den Metallrahmen gestellt, und bald war ich so weit, daß ich selbständig einige Schritte gehen konnte. Während dem Auf- und Abgehen im Krankensaal begann ich nun, Einzelheiten der Umgebung und Patienten aufmerksamer zu betrachten. Viele waren gekommen und gegangen, andere hatten das Spital verlassen und waren schon wieder zurückgekommen – erstaunt darüber, daß ich immer noch da war. Meine Augen erlaubten mir, nur einen kleinen Teil des Saals auf einmal wahrzunehmen.
Immer häufiger wurde ich in den Aufenthaltsraum vor den Fernseher gebracht. Wenn ich jedoch meine Augen auf den Bildschirm richtete, fragte ich mich jedesmal, ob eine Bildstörung vorhanden sei, denn außer eines weißen Flimmerns konnte ich überhaupt nichts erkennen, und meine Augen schmerzten mich nach kurzer Zeit. Die Pflegerinnen glaubten mir einen Gefallen zu erweisen, wenn sie mich vor den Fernsehkasten setzten. Doch ich versuchte immer wieder, ihnen ver-

ständlich zu machen, daß es bloß eine Qual für mich bedeute. Da sie meine Zeichensprache nur ungenügend verstanden und auch niemand meine paar verzerrten Worte verstand, mußte ich gezwungenermaßen mehrere Stunden am Tag mit geschlossenen Augen vor dem Fernseher verbringen und darauf warten, daß mich endlich jemand abholte. Meine einzige Abwechslung bestand aus den Besuchszeiten, während denen ich mich mit meiner Freundin unterhalten konnte. Doch auch sie mußte jedes meiner Worte erraten, so daß wir beide nach jeder Besuchszeit völlig erschöpft waren. Ich begann jetzt mein kleines Gymnastikprogramm immer fleißiger und längere Zeit zu üben. Nach langer Zeit war ich zur Erkenntnis gelangt, daß mir niemand helfen konnte, und daß es einzig an mir lag, gesund zu werden. War ich erschöpft und zermürbt, erinnerte ich mich des Sprichworts: „Wo ein Wille ist, da ist auch ein Weg“. Das wurde meine Richtschnur und stärkte meine Lebenskraft.
Wie oft hatte man mir schonend beizubringen versucht, ich würde niemals mehr ganz gesund werden, und ich solle lernen, mich mit meiner Behinderung abzufinden. Wenn ich solche Äußerungen hörte, brodelte ich innerlich vor Wut. Alle meine Kraft setzte ich daran, um gesund zu werden, und nie dachte ich daran, aufzugeben. Die Ärzte hatten meine Überlebenschancen am Anfang mit Null eingeschätzt; später hieß es, ich würde immer vom Rollstuhl abhängig und vermutlich auch stumm bleiben. Der Weg aus dem dunklen, ungewissen und schreckenerregenden Zustand war lang und hart;

ich begehrte kein Mitleid, sondern Bestätigung und Unterstützung meines Willens zur Genesung. Hatte ich nicht vom hoffnungslosen Zustand bis heute einen großen, unübersehbaren Sprung nach vorne gemacht? Aber viele Leute können nicht verstehen, daß kräftige Aufmunterung besser am Platz wäre als gutgemeintes Mitleid.

Zwei Pfleger hoben mich aus dem Sessel und führten mich eine kurze Strecke auf und ab. Es war eigenartig: ich konnte mir nicht vorstellen, je wieder auf eigenen Beinen zu stehen. Ich hatte keinen Halt, keine Kontrolle über meine Bewegungen, und mein Gleichgewichtssinn war empfindlich gestört. Jedesmal, wenn sie mich wieder in den Sessel gesetzt hatten, schlief ich augenblicklich vor Erschöpfung ein. Die kleinste Anstrengung verbrauchte meine mühsam gespeicherte Energie bis auf den letzten Rest. Doch sobald ich kurze Zeit geschlafen hatte, war ich wieder bei Kräften, und der Wille zur Gesundung war wieder lebendig. Ich mußte willentlich meine Überzeugung stärken; die Genesung war mir eine Verpflichtung, und ich wußte, ich würde sie erfüllen. Die allmächtige Kraft, die mich ins Leben zurückgeschickt hatte, gab mir auch die Möglichkeit zur Genesung. Und diese Gelegenheit durfte ich nicht versäumen, sondern mußte ihr entschlossen entgegengehen.

Der Spitalaufenthalt wurde mit zunehmender Besserung immer unerträglicher und sinnloser. Schon längere Zeit brauchte ich keine Medikamente mehr einzunehmen, und es lag jetzt nur noch an intensiver

Therapie, Geduld und Ausdauer, ernsthafte Fortschritte zu machen. Meine Freundin und ich beschlossen, die Ärzte zu fragen, ob ich versuchsweise für ein Wochenende nach Hause gehen dürfe. Am nächsten Tag erhielt ich die Erlaubnis dazu. Mit Hilfe von Freunden und Pflegern verließ ich endlich das Spital. Als man mir die Türe des Autos öffnete, geriet ich in Verlegenheit. Ich hatte vergessen, wie man in ein Auto einsteigt, und versuchte trotz der Hilfe kopfvoran in den Wagen zu gelangen. Lachend schlugen mir meine Freunde vor, ich solle es zuerst mit einem Bein versuchen. Es beschäftigte mich lange, daß solche Selbstverständlichkeiten einfach aus meinem Gehirn ausgelöscht waren.
Zum ersten Mal sah ich dann das Spital, in dem ich vier Monate verbracht hatte, von außen. Durch die Scheiben des Wagens betrachtete ich die eingeschneite Landschaft. Die Bäume waren kahl, und es herrschte klirrende Kälte. Die Helligkeit des Schnees blendete mich und zwang mich, die Augen zu schließen.
Endlich zu Hause, endlich in anderer Umgebung! Doch schon nach zwei Tagen mußte ich ins Spital zurück. Einige Tage später wurde ich endgültig entlassen. Nach vier langen Monaten, die mein Leben grundlegend verändert hatten, hatte ich das Ziel meiner Entlassung erreicht! Doch meine Zukunft sah noch unsicher aus.
Zu Hause erwarteten mich unzählige Probleme, an die ich während des Spitalaufenthalts nicht gedacht hatte. Zu Beginn schienen viele Hindernisse unüberwindlich, und ohne die Hilfe meiner Freundin, die mich immer

wieder anspornte, hätte ich es kaum geschafft. Wollte ich meinen Sitzplatz verlassen, mußte ich mich langsam nach unten gleiten lassen und mich auf dem Boden kriechend fortbewegen. Wollte ich in den Sessel zurückkehren, stellte sich mir eines der scheinbar unbezwingbaren Hindernisse in den Weg, ich hatte nämlich zunächst keine Ahnung, wie ich es anstellen sollte, um vom Boden auf den Sessel zu gelangen. So erging es mir noch mit vielen alltäglichen Tätigkeiten, die ich einst mit der größten Selbstverständlichkeit ausgeübt hatte. Ich wußte nicht mehr, in welche Hand ich den Rasierapparat nehmen sollte und wie man ihn führte. Trotz größter Anstrengung wollte es mir nicht einfallen. Meine Freundin mußte mir alles eingehend erklären, bis es bei mir Klick machte.

Ich begann mir Stellen in der Wohnung auszusuchen, wo ich mich mit den Händen vom Boden hochziehen und mich an die Wand gestützt selbständig einige Schritte vorwärtsbewegen konnte. Einen Monat nach meiner Entlassung erhielt ich die Zusage, in einem Armeespital die Physiotherapie besuchen zu können. Täglich wurde ich nun morgens von einer Ambulanz abgeholt und mit mehreren anderen Behinderten zusammen in das Armeespital geführt. Es war neu und bestens eingerichtet, und die Therapeuten nahmen sich Zeit, jeden einzelnen intensiv und mit viel Geduld zu behandeln.

Es war weitgehend ihr Verdienst, daß ich wieder einigermaßen auf die Beine kam und einen Teil meiner Selbständigkeit zurückerlangte. Mittags wurden wir je-

weils wieder nach Hause geführt, und nachmittags arbeitete ich mit Hilfe eines Freundes in einer Turnhalle am Aufbau meiner Muskulatur.
Sechs Monate nach der Entlassung aus dem Spital flog ich mit Hilfe von Freunden und des Flugpersonals in die Schweiz. Eine Woche nach meiner Heimkehr begann ich, mit Unterstützung meiner Mutter, das Erlebnis meiner Vision niederzuschreiben (ohne ihre Hilfe wäre dieses Buch wohl nie zustandegekommen). Jeden Tag unternahm ich lange Spaziergänge im nahen Wald.
Heute ist meine physische Gesundheit noch nicht ganz wiederhergestellt, doch ich suche unentwegt nach Möglichkeiten, um vor allem meine Bewegungen und meine Sprechfähigkeit weiter zu verbessern. Die inneren Erlebnisse meiner Vision haben mein jetziges Leben geprägt. Die Selbstverständlichkeit von Leben und Tod – Tod als Leben unter anderen Bedingungen – erscheint mir natürlich wie Tag und Nacht.

Die Verwandlung

Durch die Ereignisse meines Lebens und die harte Prüfung, der ich unterzogen wurde, ist mir die Nähe von Höhepunkt und Nullpunkt erst bewußt geworden. Ich habe erlebt, wie in kürzester Zeit der gewohnte Lebensgang unterbrochen und in ganz andere Bahnen gelenkt werden kann. Man wird durch die Umwelt neu eingeschätzt, abgewertet, eingeordnet und bemitleidet oder sogar als nicht mehr funktionstüchtig abgeschrieben. Der Weg vom „Star“ zum „Schwerbehinderten“ ist kurz. Aus meinem physisch veränderten Zustand schlossen viele als selbstverständlich, ich müsse auch geistig gestört sein. Meine körperliche Starrheit und Sprechunfähigkeit waren zu einer Mauer zwischen mir und der Außenwelt geworden. Nur wenige anerkannten meine Identität noch. Doch als ich aus dem Koma erwachte und mir bewußt wurde, daß alle meine körperlichen Funktionen blockiert waren, erlebte ich an mir, daß mein ICH – Geist, Seele und alle Denkvorgänge – unverändert in ihrer Art blieben, wenn auch unter veränderten äußeren Bedingungen und mit eingeschränkter Möglichkeit, sich zu „äußern“. Getäuscht durch meine gestörte Bewegungsfähigkeit stuften mich die Leute als Alkoholiker, Drogensüchtigen, Ausgeflippten oder so ähnlich ein. „Dank Gott“ vermochte ich diese irrtümlichen Annahmen und Urteile zu verkraften, ohne daß sie meine feste Entschlossenheit zur Gesundung und meinen Glauben an die völlige Wiederherstellung zerstören oder auch nur beeinträchtigen konnten.

Seit ich begriffen habe, daß wir geistige Wesen sind, ist meine körperliche Behinderung unwichtig und unwirklich geworden; denn ICH bin oder werde gesund – oder gesünder! Mit dieser Kraft habe ich mein Buch geschrieben, in der Hoffnung, etwas davon weiterzugeben.

Weitere lieferbare Bücher von
Mario Mantese:

DAS GEHEIMNIS VOM WEISSEN STEIN

Vorliegendes Buch erzählt in Märchenform von der Reise des jungen Elfen Cherubino, der durch viele Erlebnisse, Abenteuer und Begegnungen hindurch, zu dem unbekannten Land ES wandert, in dem sich alle Widersprüche und Gegensätze auflösen. ES ist sowohl ein ‚Gebiet' als auch ein Zustand des Bewußtseins, der das biologische Bewußtsein transzendiert.

Der ‚Weiße Stein' ist der verborgene Hüter der Formeln des Lichtes, der Umwandlungen des Geheimnisses der Geheimnisse; der Wandlung vom Begrenzten zum Unbegrenzten, von der Form zum Formlosen.

Die hier erzählte Geschichte kann der Leser als Erzählung märchenhafter Begebenheiten ansehen, oder aber den Blick und die Aufmerksamkeit auf die inneren Abläufe lenkend, als Initiationsweg erkennen.

Die Geschichte ist in ihrem Aufbau so gestaltet, daß sie gleichfalls von einem Kind oder einem Erwachsenen gelesen werden kann. Der erwachsene Leser wird sie mit anderen Augen lesen und verstehen. Gemäß seinem Bewußtseinszustand wird er in die tieferen Schichten des Gelesenen eindringen und dort einen alchemistischen Initiationsweg schauen.

336 Seiten, gebunden
ISBN 3-7699-0476-1

DREI EICHEN VERLAG

AUFBRUCH IN DIE EWIGKEIT

Durch ein erschütterndes Schicksal lag der Verfasser dieses Romans einen Monat im Koma. In dieser Zeit durchwanderte seine Seele die Reiche des ‚Jenseits'.

Überwältigt von der Vision dessen, was die diesseitig orientierten Menschen ‚Tod' nennen, kehrte Mario Mantese in seinen Körper zurück – blind, stumm und gelähmt. Auf dieser ‚Reise' durch das Jenseits hat er Mächte und Weiten erfahren, die es ihm ermöglichten, im Laufe der Jahre mit geistigen Kräften wieder zu genesen. Dies war der Anfang eines Prozesses, der in seinen Büchern und Seminaren zum Ausdruck kommt.

Begleiten Sie also nun Mr. Piters und Mr. Mongrave – die Hauptfiguren dieses Romans – auf ihren Reisen nach Shanghai, nach Ägypten und Indien. Wenn auch manches symbolhaft und verschlüsselt anmutet, zeigt uns dieser spannend geschriebene Roman doch, wie verschlungen und abenteuerlich ‚Gottes Wege' sein können.

256 Seiten, gebunden
ISBN 3-7699-0522-9

DREI EICHEN VERLAG